全台第一本
矯正運動型重訓指引

重量訓練・
阻力訓練聖經

Theory and Practice of Weight Training / Resistance Training

NASM CES美國國家運動醫學學會矯正運動專家

支群甫教官／著

致謝

謝謝過去 16 年來的職場和教學歷練,讓我更深刻地了解健身運動產業、教練們的能力和心態、民眾的體能現況和常見疾病,才逐漸累積成現在的實力。

謝謝曾經教過我的老師們。

國立體育大學的林晉利老師、陳麗華老師、陳正林老師、張維綱老師、黃啟煌老師;曾在美國運動與體適能協會(AFAA)台灣分會的湯力中(小黑)老師、謝龍星老師、董桂華老師、李佳純老師、劉大敫老師;曾在加州健身中心的 Jimmy 應充明教官。謝謝在輔大英文系的所有老師,特別感謝 Jennifer 老師、Doris 老師、謝錦老師、Ray 老師、Cecilia 老師、葉書白老師;謝謝倍德英語的 Miss Soong。謝謝各位老師們和教官們的指導。

謝謝國際體育科學協會(International Sports Science Association, ISSA)。

透過在 ISSA 學習,我取得了認證私人教練證照、運動自療法專家證照、團體運動指導專家證照、運動營養證照、健美專家證照和行為改變證照,累積了以上六項證照,獲得 ISSA Master Trainer 大師級證照的殊榮,是臺灣取得此榮譽的第一人!

感謝我的學員們。

感謝我教室的所有學生。教學相長，謝謝你們願意向我學習如何安全、有效、快樂地運動，我也持續透過教學向大家學習，持續這樣的正向循環。特別感謝學生慧敏，張慧敏老師寫過四十多本書，是暢銷書作者，感謝慧敏經常提醒我要把教學內容紀錄下來，可以當作課程教材，如果沒有慧敏老師的指點，我應該沒有辦法出這本書。

感謝我的同事們。

感謝我教室的所有教練，特別感謝傅羚育教練、蕭宇君教練、謝維庭教練、游舜文教練、許芃成老師，謝謝你們這麼用心投入教學。是大家一起努力，才成就了樂適能運動教室的發展。

感謝負責教室業務和管理的教官媽媽碧玲，包辦教室大大小小的事情，我才能有更多時間好好教課、好好寫作。謝謝教官媽媽協助拍攝這次重量訓練的所有照片。

▲ 教官媽媽（左）與群甫教官。

感謝曾經有報名過我培訓班的大約一百名教練。

謝謝未來會報名我培訓班的所有教練，相信我，我可以教給你成為一位成功教練所需的技術，但是要記得，你們要先相信自己可以做到！然後，學會之後還是要記得尊師重道。

謝謝城邦集團的何飛鵬執行長、原水文化林小鈴總編輯、潘玉女副總編輯和當時上電視錄影時認識的王維君行銷經理。

謝謝爸爸、媽媽和我最親愛的家人們。

謝謝一路鼓勵我、支持我的 Shelly，在沒有人相信我會成功的時候，你是第一個相信我的人。

感謝家中毛小孩，可愛的 Diamond，在我寫作的時候，總是乖乖地陪伴我。

謝謝佛菩薩、神明、上天指引我該走的路：就是好好教好教練，教練們再好好地教好民眾，持續建立善的循環！

獻給

在天上，我親愛的爺爺、奶奶和阿公、阿嬤。

免責聲明

　　本教材內容僅供資訊參考。教材內容、參考資料由作者結合理論研究及現場實務經驗彙整而成，唯不擔保一定適用於所有場域、所有特定情況或是所有人（包括健康人群或是有特殊狀態人群）。本教材內容不是設計為任何場域的課程銷售作為擔保所用，參與課程後的教練必須要有判斷和篩選的能力，為自己的未來教學指導負責。

　　本教材內容目的在於啟發教練們，並且提供理論和實務相關資訊，教練若要用於自身或用於未來課程教學，應該要先內化資訊，融會貫通，確保自身有能力可以篩選和判斷訓練內容的動作選擇和各種變項等，如有對於教練自身或是未來要參與課程的學員健康有任何疑慮，教練應該向有執照的醫療人員如醫師尋求診斷後，取得醫療相關建議再決定個人該如何安全、有效地運動。運動當中和運動後產生的效果和相伴的風險，教練自身和未來要參與該名教練課程的學員應自行負責。

群甫教官

【現任】

- Joysport 樂適能運動
  創辦人、總經理、教育總監、私人教練、團班老師
- 國際運動與健康體適能協會
  理事長

【教學專長】

矯正運動、運動自療、增肌減脂、重量訓練、皮拉提斯、瑜伽、年長者運動、運動營養

【教學型態】

- 一對一私人教練
- 團體運動指導
- 外派公司包班
- 企業講座
- 教練培訓

【給學員的一句話】

均衡的運動產生全面的成效，全方位整合式的安全、有效、快樂運動促進健康、預防疾病、提升體能，有吃就要有動喔。

【進修、證照、研習】

國立體育大學運動與健康科學學院碩士班

輔仁大學英文系學士

高階教官或大師級證照

1. ISSA Master Trainer 國際體育科學協會大師級教練認證
2. AFAA Official PFT Associate Consultant 美國運動體適能協會私人教練教官認證
3. AFAA Officail Mat Consultant 美國運動體適能協會墊上核心教官認證
4. AFAA Master Instructor in Practical Pilates and Sunrise Yoga 皮拉提斯與日出瑜伽教官認證

認證私人教練類別

5. NASM CPT 美國國家運動醫學學會認證私人教練
6. ACE CPT 美國運動委員會認證私人教練
7. ISSA CPT 國際體育科學協會認證私人教練
8. AFAA PFT 美國運動體適能協會私人教練認證

矯正運動類別

9. NASM CES 美國國家運動醫學學會矯正運動專家
10. The BioMechanics Method CES 生物力學法矯正運動專家認證
11. IIHF, Integrated Corrective Exercise Specialist 整合式矯正運動專家認證

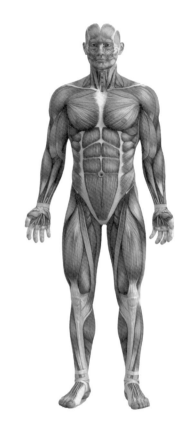

▲ 你能正確指出哪些肌肉
　的位置和名稱？

正面觀　　　側面觀

| 第五篇 | **訓練動作　139** |

飛機式

蹲

胸推

背闊下拉

膝屈曲

提肩胛

腕屈曲

5.6 健身房常見訓練動作

第六篇	**課程設計和執行　311**

彈力帶側走

善用重訓，爲疼痛治本

文／**陳渝仁** 仁生復健科診所院長・復健 & 疼痛專科醫師

　　初識群甫教官是在錄製電視台節目時，發現彼此對於協助民眾正確認識身體使用方法、促進健康的觀念相當契合。健康不能單純依靠醫師，必須從生活姿勢調整、肌力訓練、正確運動等全方面著手，才能真正擁有健康。以我每天都會處理的疼痛及運動傷害來說，醫師及治療師團隊可以透過增生注射治療、震波治療、徒手治療等方式幫大家解除疼痛，但若不把問題的根源找出來，疼痛就會時不時復發。運動，特別是重量訓練，就像是讓身體有天然的肌肉戰甲，讓我們維持好的姿態，也避免組織受傷造成疼痛的風險。

　　仁生復健科的團隊跟群甫教官的樂適能教練團隊合作，陪伴許多人重返健康，醫療端負責診斷及治療，疼痛及結構損傷改善後，我們會跟群甫教官團隊討論後續的訓練方向，讓民眾回到訓練場域，至今協助許多樂齡族及運動愛好者脫離疼痛，重拾健康人生。醫療端常擔心的是，我們幫病患「治標」疼痛之後，誰能幫忙「治本」？只有從根本調整姿勢、透過運動強化肌肉力量及穩定協調性，才能讓疼痛不再找上門。自從跟群甫教官合作之後，這個問題就迎刃而解了。

每次跟群甫教官錄影都可以感受到他對於推廣正確運動的熱情及使命感，很開心群甫教官的《重量訓練‧阻力訓練聖經》面世，將矯正運動的優化動作與運動傷害預防這兩個重要面向融入到重量／阻力訓練，不管你是想透過重量訓練逆轉肌少症的一般民眾，或是已經在運動健身界服務的專業人士，都一定能從這本深入淺出、由基本觀念及科學證據出發，逐步學會如何正確做好重量訓練，預防運動傷害也避免日常生活的勞損疼痛。

一本讓你少走彎路的健身祕笈

文／邱子恩 運動營養師

在體大運動科學研究所共同學習時，我們都稱呼不苟言笑的支群甫為「支教官」，他不是在教室就是在健身房，不是在上課就是在教課，同學們都笑稱他是「行走的健身百科全書」，而現在，他終於把這個「百科全書」給寫下來了，還真是讓我有點驚訝——畢竟我們總是以為他只會用手臂舉鐵，而不是用手指打字！

這本《重量訓練‧阻力訓練聖經》絕對是他經年累月所淬煉出的心血結晶，不僅涵蓋了各種訓練技巧，還包括了他不斷磨練的理論與實戰經驗。從初學者到進階者，無論你是剛開始摸啞鈴，還是已經能單手提起購物袋，你都能在這裡找到實用的內容——相信我，這本書可以幫你變得更強壯。

作為一名營養師兼健身教練，我必須說，這本書不僅是關於肌肉的成長，還教會你如何真正理解重量訓練的科學與藝術。當然，如果你想知道支教官結實的身材，還有為什麼肌肉看起來這麼大，這本書也許可以給你答案。（答案之一：持之以恆，還有別忘了好好吃飯！）

這是一本充滿知識與力量的書，也是我老同學多年智慧的體現。如果你對重量訓練感興趣，想變得更強壯、更健康，或者單純想要擁有更漂亮的肌肉線條，那這本健身祕笈會是你的不二選擇，它能提供最正確、最有效的訓練方法，讓你少走彎路，絕對值得你擁有！

融合運動學科與術科，為健身打底

文／許芃成 輔仁大學體育室講師

我與群甫教官是在 Joysport 樂適能運動教室認識的，群甫教官本身是很厲害的教練，他知道如何將運動學科及術科整合並融入教學，因此總能獲得良好的成效。

近日得知他將多年來累積的實務經驗與理論結合，撰寫成《重量訓練・阻力訓練聖經》一書，因為我本身在輔仁大學擔任體育講師及學校健身房管理的職務，對於運動相關的知識有一定程度上的認知，因此深知此書的價值不同於坊間一般的健身書籍。

本書內容涵蓋了各種專業相關知識，學科的部分包含了解剖學、肌動學、生理學，應用科學包含了重量訓練、矯正運動等，對教練而言，是一本實用、好用的教學工具書，對一般人而言，這本書則讓他們更了解自己的身體狀態，並能從中獲得正確有效的訓練知識及方法。

市售的綜合且完整的運動相關書籍真的不多，因此我大力推薦群甫教官這本《重量訓練・阻力訓練聖經》，一定能幫助大家在運動訓練上有更好的進步與成長。

正確、安全、有效，運動的硬道理

重量訓練／阻力訓練對身心好處多多，但是如果做錯了，往往造成運動傷害，得不償失。該怎麼做才是正確、安全、有效的方式，**身為教練的我們應該要好好探究、多面考量、仔細練習、細心教學。**

2023 年，國際教練證照和非國際教練證照在臺灣蓬勃發展、百花齊放，但是卻令年輕的教練們無所適從，大家心裡總是有個疑問：「到底要考哪一張證照好呢？」各證照各有特色，也各有優缺點，從本質思考一下，教學的起點在於：「民眾需要的是什麼？」答案是：「安全、有效的運動。」只不過，現在很多的證照考核過程通常不再重視術科操作，甚至有很多證照班根本不考動作！試問，這樣的研習過程和考核方式，就算考過了，教練真的有能力可以安全、有效地教學指導嗎？

研習的過程中，必須要回歸動作該怎麼進行，並且一定要不斷地反覆練習確認細節，才會累積教學指導的能力。

2008 年，我自軍中退伍。當時心裡十分渴望成為一位健身教練，於是雖然從輔大英文系畢業，但是半路出家，投身至當時位在最熱鬧的台北東區、最知名的一家連鎖健身房，據經營者說，那時候光東區一家分店一

個月營收就可以上看五千萬台幣！那時候的我其實對於如何教健身並不了解，只能在每天打電話給客戶和帶客戶體驗的空檔中零零碎碎地學習，也就是在那時候，我認識了應充明教官，他是第一位教我如何指導運動的教官。在健身房的短短六個月，對我而言卻好像度過了六年一樣，因為每天壓力都很大，隨時都要有被主管責罵的心理準備，令我感到身心俱疲。在日復一日的極度忙碌和混亂中，我發現過度業績導向的教練工作根本不適合我，反而越來越清楚我心中的理想是進行「可以幫助人的運動教學」，而不是進行「如何達成主管要求業績的運動教學」。在深深體會到這一點之後，我發現我需要找到更符合我價值觀的地方，所以在我成功考過該健身房內部的私人教練證照之後沒多久，我就離開了該所，往更適合我的地方前進。

　　2009 年離開連鎖健身房後，足足有六年的時間，我過得並不輕鬆，我一邊在補習班教英文，一邊存錢，以報考美國運動體適能協會（AFAA）的師資養成班，當時 AFAA 是業界最有名的指標性證照，一張證照要三萬多元，對於當時年輕的我來說，需要存錢好幾個月才有辦法報名參加。好不容易存到錢，沒想到報名的時候陰錯陽差，原本要報名的是「私人教練」，竟報成「重量訓練」，當年指導我重量訓練的是董桂華教官。而且，我不但報錯項目，居然還考了兩次才合格通過！終於考取到重量訓練證照的我，興致勃勃，想要好好大展身手，沒想到居然只有一兩位學員要找我上課，心裡面真的很失落！不過我並沒有放棄，繼續報考「墊上核心」，又再研習「皮拉提斯」，在那時候我認識了湯力中教官（小黑老師），是小黑老師的教導才逐漸開啟了我這輩子的運動教學路，小黑老師精準的口令，細

膩的示範，教會了我「老師該有的樣子」！後來我因為開了瑜伽和皮拉提斯團班，有足夠的人數報名，才累積了足夠的資源和能量創業。2015 年，我創立了「樂適能運動」，一個「以學員為中心教學」的運動教室，很大的一部分，要歸功小黑老師，真的很感謝他！

　　細數 2016 年至 2022 年間的教官經歷，2016 年，我甄選成為美國運動體適能協會（AFAA）的墊上核心（Mat Science）教官，後來又成功甄選上私人教練（Personal Fitness Training）教官，期間指導過不少教練成功考取國際證照。我曾經在美國運動體適能協會大會（AFAA APEX）為美國的 Lisa J. Hamlin 總監和社長進行逐步口譯，也曾在大會上為 Fabio Comana 進行逐步口譯，Fabio 是美國運動委員會整合式體適能訓練（American Council on Exercise Integrated Fitness Training Model）教材的主要貢獻者，在健身業界是權威級的重量級人物。2019 年，離開了 AFAA 之後，我曾經短暫的代理過國際體育科學協會（ISSA）的證照系統，不過因為 2020 年至 2021 年全球受到疫情的衝擊，只好另覓出路。2022 年，受 Eason 會長邀請，擔任美國國家運動醫學學會（NASM）在臺灣的私人教練教官，也為協會內部教官訓練進行逐步口譯。這六年中，累積了經驗，也儲備了能量，讓我看見了，未來總是會有更好的可能。

　　2023 年至 2024 年，開始自己研發證照，完成研發的第一張證照為「重量訓練／阻力訓練教練證照」，目的是為了教學和傳承給年輕一輩的教練，**因為光是紙上談兵的教練沒有辦法準備好教學，光是通過線上考試是沒有辦法指導教學出安全、有效的動作的**。我計畫從我開始，去組織一個教

官團隊，進而影響這個圈子，讓大家都能重視「真正民眾所需要的運動指導」。民眾所需要的運動指導不能只是健美，也不會直接跳級到提升運動表現，當然更不是邊運動邊聊天，也不是目標在空中繞圈圈，更不是天天倒立就可以全面地幫助民眾提升體能和促進健康。

　　民眾真正需要的是什麼？只要我們走出健身房、走入日常生活場域就可以看得見：彎腰駝背在捷運上使用手機的人們、在公園撞樹或狂甩頭的年長者、含胸拔背地練功的人、在路上膝蓋內扣跑步的人們、在路上抱著小孩的媽媽們、在中庭拿著助行器緩步的老人們、在復健診所復健的病患們……，身為專業的教練，我們要睜大眼睛看，打開耳朵聽，用心去感受民眾真正所需要提升的體能是什麼？鼓勵大家要一起用心觀察，細心思考，認真學習，全面提升。

　　十年之後會是怎麼樣呢？展望未來，讓希望茁壯，我希望教練們可以確實地了解民眾日常生活功能型的體能需求是什麼，並且可以指導出正確、安全、有效的運動。我也希望民眾可以透過教練們的指導，練習正確、安全、有效的運動，享受運動給身體帶來的好處，降低罹病率，提升生活品質。我希望這股善的能量可以在各地遍地開花，可以幫助越多人越好，我們大家都一起往正確的方向前進，在正確的道路上，也一起享受快樂運動！

　　群甫教官愛大家！我們一起為健康努力！

本書特點

　　本書最大特色，就是將「矯正運動的優化動作」與「運動傷害預防」兩重要觀念，融入到重量訓練／阻力訓練中。

　　「運動要做對才會有效！」這是群甫教官我這幾年一直在推廣的觀念，常常上電視節目推廣，也不時的在我自己的教室教學時提醒大家。以往有些人會覺得「有運動就好」，不過如果只是保持這種心態運動，卻不注意自己的運動方式的話，運氣好一點或許沒事，但若先天條件較差，加上運動方式不對，就有可能越運動越累積傷害！

　　舉日常較為和緩的走路和爬山運動為例，若下半身髖部、膝蓋、腳踝、第二根腳趾頭沒有排列好，可能造成嚴重的拇趾外翻，甚至是膝蓋損傷，像是半月板損傷、韌帶發炎、髕骨股骨疼痛等，更別提阻力訓練和重量訓練了！

　　因為重量訓練是要負重的，如果以不正確的關節排列方式練習，那麼造成關節磨損的速度可能會更快，所導致的傷害也會更嚴重。不過，難道我們要因為重訓有可能會造成損傷就不做嗎？當然不是的！重量訓練對促進健康和提升體能好處多多，當然不可以因噎廢食。所以，到底要如何練習阻力訓練、重量訓練才可以讓我們既可以享受重訓的好處、又可以確保關節的安全？就是本書的精髓所在！

我在國立體育大學進修時，黃啟煌博士的一門課「運動傷害防護」，幫助我建立了運動傷害預防的觀念，進修期間，林晉利博士在「功能性肌肉適能實務研究」課程中幫助我落實了「防傷運動」的觀念和實際訓練方法。我一直將這些寶貴的知識應用在我運動教室中的團體班級和一對一私人教練課程中，獲得很好的成效，來運動的民眾都透過安全、有效的快樂訓練提升體能和健康，此外，也非常顯著地降低了在教室運動和進行其他運動時的傷害風險。

　　群甫教官有 NASM CPT 和 NASM CES，也是美國國家運動醫學會的認證私人教練和矯正運動專家證照，我還有生物力學法的矯正運動專家證照由 Justin Price 老師編寫的課程，也有整合式矯正運動專家認證由美國整脊師 Dr. Evan Osar 指導。

　　談到矯正運動，一定要提到美國國家運動醫學會的矯正運動課程，該課程一開始是由美國物理治療師 Micheal Clark 博士（美國國家運動醫學會的創始人和前任執行長）、Scott Lucett 物理治療師助理、Brian Sutton 運動管理碩士與運動科學碩士（私人教練、作家和課程內容經理）所編寫而成，其內容是提供給體適能業界的私人教練進修的，教練們透過進修和取得認證後，可以以教練的角色經由運動指導協助民眾改善肌肉不平衡的狀

態，進而可以達到：(1) 提升動作品質，(2) 避免關節疼痛，和 (3) 預防傷害的綜合效果。

　　自從我開始進修矯正運動後，驚訝地發現，很多過去所學到的重量訓練的練習方式不是完全正確，即使到了現在，如果練習重量訓時沒有矯正運動觀念的話，是有機會因為長期練習不是完全正確動作而累積成肌肉不平衡狀態，甚至累積成運動傷害！因為群甫教官不但有在國立體育大學進修，也進修了三張矯正運動證照，融會貫通所學加上現場的教學經驗之後，發現不只是民眾，連教練們因為缺乏矯正運動觀念都有可以教學出「不完全正確的動作」，如此一來，民眾可能長期練習不完全正確的動作，而暴露在運動傷害的風險中！

　　進修了 15 年，教學了 15 年，群甫教官累積成涵蓋有「矯正運動觀念」和「運動傷害預防」的重量訓練指導方式，經過了一年多的寫作，撰寫而書，提供給大家，希望可以幫助教練也幫助民眾安全、有效地練習重量訓練。

　　本書除了幫大家建立正確的觀念，也有精準、詳細的運動方式說明及示範，書裡總共包括 53 個動作，每個動作都從目的也就是動作的益處開始，

並且詳述了教練們需要知道的關節動作、主動肌群、預備動作方式、呼吸方式、選擇負重方式、關節排列方式（有助預防運動傷害）、練習動作時的方向、動作範圍、動作速度與節奏以及建議次數和組數。每個動作也都包括了常見錯誤動作，也就是如何預防傷害和以（矯正運動）優化的動作方式練習，最後還提供了退階和進階的動作，如此完善和詳細的內容，可以提供給教練們參加群甫教官培訓班的時候當作教材使用，也可以提供給每一位對於阻力訓練、重量訓練有興趣的民眾當作工具書。

　　預祝大家在閱讀和練習過程中可以循序漸進地深刻體會到阻力訓練、重量訓練對身心的好處，預祝大家閱讀順利、訓練愉快！

MEMO

容易受傷的！很容易受傷有兩個常見原因：

❶ 被名稱誤導，認為重量訓練就應該要「做很重」才是重量訓練，其實這是錯誤觀念！如果自己理解錯誤加上沒有基礎，一開始就做很重的話，確實很容易受傷。肌肉適能訓練應該由穩定度開始練起，一步一步提升到肌肉耐力，再循序漸進到肌肉發展。理論上，當做到很重的時候，通常已經經過好幾個月的訓練了。所以如果自己理解錯誤加上沒有基礎一開始就做很重的話，確實很容易受傷，所以千萬不要自己亂做！

❷ 在健身房，有樣學樣，看到別人做什麼就跟著做什麼，這樣也容易受傷。因為訓練時要考量個體化差異，所以千萬不要看到別人在練什麼就跟著練，不瞭解自己程度就模仿他人的訓練真的很危險！一定要找合格、有認證的教練指導，才會安全又有效。

迷思四 **重量訓練是年輕人做的，不適合年長者做？**

解 答 隨著發育和成長，人體在成年時是肌肉最強壯的時候，可是會隨著年齡增長而逐漸減少，如果都沒有鍛鍊的話，年長時就會面臨肌少症的危機。肌少症有可能會造成年長者跌倒，進而導致失能、長期臥床、失去行動力或是死亡。預防勝於治療，從年輕的時候就開始進行肌肉適能訓練是最好的！如果年輕時沒有訓練過，也不要害怕，就算年長到六十、七十歲，也應該趕快開始從事對抗阻力的訓練。一開始可以先由身體體重、輕阻力來練習，像是利用彈力帶或是比較小的啞鈴。

根據科學研究顯示，就算是九十歲的年長者進行抗阻訓練，還是能提升肌力、爆發力和肌肉量。所以對於年長的延年益壽保健方式，肌肉適能訓練不是選擇題，而是必選的課程喔！不怕晚開始，只怕不開始，開始了就會進步了，加油！

迷思五 **重量訓練是不是一定做很重？**

解答 很多民眾聽到重量訓練會有點害怕，應該是因為把「重量訓練」和「舉重」搞混了！

奧運等賽事的「舉重比賽」是比賽看誰舉得最重，可是重量訓練不是比賽，所以並不需要練習舉得越重越好！尤其對於只是想提升肌耐力的人，只要選擇合適重量訓練即可。就如同剛剛上述定義所說的，重量訓練的內涵是對抗阻力的訓練，可以稱之為「抗阻訓練」或是「阻力訓練」，所以對於一般民眾來說，想要提升肌肉適能，選擇用各大肌群對抗阻力的訓練達成一定「次數」和「組數」，就可以達到訓練適應的效果。

深入和精準地說，我們在做阻力訓練時，可以兩種方式來判斷強度，第一種是用 1RM（1 Repetition Maximum）的量表「確認」和「推估」該重量相對自身肌力的強度，第二種是用透過自評強度來拿捏強度。

1RM 是指「一次能舉起的最大重量」，假設一個人可以推舉 70 公斤一下的話，除了代表這個人推舉最大肌力就是 70 公斤之外，也代表 70 公斤的重量相對於這個人是 100% 的強度，那麼，如果能夠做 10 下，大約等於 80% 的強度。

通常一般民眾剛開始練習阻力訓練的時候，教練會建議先從 12 至 15 下的方式練習動作，等同於 65% 至 67% 的強度。根據科學研究，人體在練習阻力訓練的時候，每組選擇 12 至 15 下的肌力訓練，進行 1 至 3 組的話，這樣的強度就足以使肌肉產生肌肉耐力提升的適應效果。回過頭來說，如果健身目標是要提升肌肉的穩定度和肌耐力，在訓練時選擇 12 至 15 下就會讓體能進步，減少肌肉流失，避免肌少症，提升新陳代謝和血液循環了！

所以，重量訓練真的不是做得越重越好，應該是根據個人的狀態和健身目標去選擇合適的重量，循序漸進地進步，才是正確、安全、有效的重量訓練喔！

思考

還有沒有想到什麼關於重量訓練的迷思呢？
如果有的話，你認為有什麼好的方式可以破解迷思呢？

健康體適能與重量訓練／阻力訓練

「體適能」就是身體適應環境的能力。「健康體適能」的組成面向包括：心肺適能、肌肉適能、柔軟度、身體組成、技術適能。

❶**心肺適能：指有氧適能，也就是心肺適應環境的能力。**

心肺有氧運動的定義是：身體大肌群參與一段時間有節律性的反覆運動而造成心肺訓練適應的運動，例如：跑步、游泳、溜冰、有氧舞蹈、划船等。

❷**肌肉適能：通常分為肌肉的「肌耐力」和「肌力」等適應環境的能力。**

美國國家運動醫學學會將肌肉適能分為：肌肉穩定度、肌肉耐力、肌肉發展、最大肌力和肌肉爆發力。

「肌耐力」的訓練可以被定義為肌肉維持不動（等長收縮）的能力，可以用秒數來評估，或是肌肉反覆（等張收縮）完成指定可動範圍的能力，可以用次數來評估。而「肌力」指的是肌肉一次可以產出的最大力量，通常用多少重量來評估，比如說蹲舉（Squat）一下可以做多少公斤。

肌肉適能訓練包括阻力訓練、抗阻訓練，可以運用輕阻力或是重阻力在動作時給予骨骼肌壓力，刺激大腦和身體適應，進而提升肌肉的肌耐力和肌力，在做肌肉適能訓練時，同時也會訓練到骨骼、肌腱、韌帶、神經、皮膚、心肺和血管等。

肌肉適能訓練方式有：自體體重訓練、瑜伽、皮拉提斯、彈力帶訓練、懸吊訓練、重量訓練、增強式訓練。其中「重量訓練」包括啞鈴訓練、槓鈴訓練、壺鈴訓練、器材訓練、機器訓練、藥球訓練、棒鈴訓練等。

在各項運動中，若要促進肌肉發展（專業術語：肌肥大）的訓練適應的話，只能夠透過「重阻力訓練」也就是「重量訓練」達成！那麼，要多重才夠呢？根據科學研究，在一組裡面最多只能做 6 到 12 下，這邊所說的 12 下，指的是在指定動作和限定可動範圍中，最多可以做 12 下，而做完第 12 下時，身體已經沒有辦法完成第 13 下的程度。從科學定義，這樣的重量對於身體的強度大約是 75% 到 85%。所以，如果健身目標是要體態雕塑、提升肌肉線條、想要身材變好、希望看起來更 fit、提升肌肉量、提升基礎代謝率、預防跌倒等，都是要透過練習重量訓練才能到目標。肌肉適能的訓練是必要的，嚴格來說，有做重量訓練才算有均衡運動喔！

❸ **柔軟度：各關節的可動範圍。**

正確的「重量訓練」不會讓柔軟度下降！柔軟度通常必須透過伸展運動來改善或維持，根據科學研究，有各關節建議可動範圍。柔軟度也可以透過瑜伽、皮拉提斯來提升。

❹ **身體組成：身體脂肪和非脂肪的比例。**

正確的重量訓練可以提升肌肉穩定度、肌肉耐力和發展肌肉等，重量訓練過程也會讓心跳加速，消耗熱量，所以如果要改善身體組成，也就是增加肌肉、減少脂肪的話，務必要進行重量訓練！

❺ **技術適能：大腦在接受資訊後，透過神經徵召肌肉完成想要進行動作的能力。**

如果肌肉發展不平衡，可以先透過矯正運動提升神經肌肉效率。練習重量訓練前記得先從輕阻力開始練習。

均衡運動對於健康體適能的平衡發展至關重要，從科學化證據來看，重量訓練對於提升整體健康體適能是不可或缺的運動選擇。

重量訓練運動頻率、強度、型態、時間

1 美國運動醫學會（ACSM）阻力運動循證建議

根據美國運動醫學會的運動測試與處方指引第十一版（American College of Sports Medicine, ACSM's Guidelines for Exercise Testing and Prescription）的建議，一般民眾為了促進健康和維持肌肉適能，應該以下述的方式進行訓練：

❶ 運動頻率

- 對於初學者，每個大肌群應該每週訓練兩次。
- 對於有經驗的長期訓練者，運動頻率相對於訓練量反而是其次，因此，可依個人偏好選擇每週訓練每個肌群的頻率。
- 訓練頻率低頻為最少每週一次，中頻為每週兩次，高頻為每週三次以上。

❷ 運動強度

- 對於初學者來說為了促進肌肉適能，建議進行 60~70% 1RM[1]，8~12 下的練習。
- 對於有經驗的長期訓練者，訓練有效性的建議是根據特定部位的健身目標而定，強度和次數都有相當大幅度的可能性。
- 根據個人目標，肌力、肌肥大、爆發力、肌肉耐力，建議的強度和次數的範圍很廣。
- 如果是以肌肉發展（肌肥大）為目標，研究指出強度最少要大於 60%

1　1RM 意思是 One Repetition Maximum，意指最多只能做一下的最大肌力的重量。

1RM 的強度，而最佳的強度是落在 70~80% 1RM，也就是 8~12RM。不過，也有研究指明有效的強度橫跨很大的幅度，高重量低次數 6RM 到低重量高次數 20RM，都可達成肌肥大的效果。

- 爆發力訓練，對於健康的成年人來說，也助於維持平衡和預防跌倒。
- 爆發力的訓練，最好是訓練 1 到 3 組，上半身強度 30~60% 1RM，下半身強度 0~60% 1RM，以最快的速度練習移動重量。
- 如果是以訓練肌肉耐力為目標，低、中、重負荷都被證實是有效的訓練，低負荷搭配高次數（15~25 下）或是中到重負荷搭配縮短休息時間的循環訓練、阻力的間歇訓練、高強度功能型訓練都是建議的訓練方式，各種訓練方式製造特定的代謝需求，以達成想要的適應效果。

❸ 運動型態

- 多關節運動先行於單一肌群訓練，對於成人，建議進行主動肌和拮抗肌訓練。
- 單關節和核心運動會被包括在阻力訓練中，該肌群在多關節運動訓練之後接續訓練單一肌群。
- 補充：訓練時，大肌群先行於小肌群，多關節先行於單關節，高強度先行於低強度。
- 可用多元的運動設備和 / 或身體重量進行這些運動。
- 槓鈴、啞鈴、壺鈴、身體重量、懸吊設備或插銷式、槓片式、氣壓式重訓機器、彈力管、彈力帶都可以有效地運用促進肌肉適能。
- 阻力訓練內容可以包括多關節和單關節訓練的運動，多關節運動像是俯地挺身（Push Up）、肩推（Shoulder Press）、背闊肌下拉（Lat Pull-down）、引體向上（Pull-ups）、前俯划船（Bent-over Rows）、腿推（Leg Press）、蹲（Squats）、硬舉（Deadlifts）。單關節的運動目標訓練單一肌

群，像是二頭肌彎舉（Bicep Curl）、三頭肌伸展（Tricep Extension）、大腿伸展（Leg Extension）、大腿屈曲（Leg Curl）、舉踵（Calf Raise）。核心運動就是軀幹部位參與的運動，像是捲腹（Curl-up）、丟藥球（Medicine Ball Throws）、平板（Planks）。

● 建議根據接續的動態或靜態運動和運動選擇，決定向心收縮、離心收縮、等長收縮的肌肉動作。

● 為了避免製造肌肉不平衡，主動肌和拮抗肌訓練應該被包括在阻力訓練的規律中。

* 資料來源：ACSM's Guidelines for Exercise Testing and Prescription, 11th Edition.

2 衛福部國民健康署全民身體活動指引

根據衛生福利部國民健康署出版的「全民身體活動指引」建議的肌力強化活動如下：

❶ 運動頻率

每週應能夠進行 2~3 天的肌肉適能活動，每次運動中間應該有一天以上的休息日。

❷ 運動強度

每個肌群在練習動作的時候，以進行 8~12 下為一組，在第 12 次反覆結束時，肌群應該感到疲勞，才能達到最佳效果。

❸ 運動型態

自體體重：例如爬樓梯、走路、跳繩、俯地挺身或是抬腿。非機械式：彈力帶、彈力繩、啞鈴。機械式：腿部推舉機器、胸大肌訓練機、背部訓練機器。

❹ 運動時間

　　每次訓練可強化 8~10 個肌群，每個肌群進行 1~3 組，從大肌群開始進行，例如：先練臀部、大腿、胸等，再練較小的肌群：手臂、肩膀、小腿等。

❺ 相關建議

　　強化肌肉適能必須符合超負荷、特殊性和漸進性原則。

- 超負荷：可以透過增加次數或是改變力臂長度提升負荷。
- 特殊性：針對該部位進行訓練，舉例來說，捲腹是訓練腹部，二頭彎舉是訓練手臂。
- 漸進性：雖然訓練肌肉要符合超負荷原則，不過也要注意循序漸進，以確保安全，在規律訓練 8~10 週之後，可以循序漸進增加次數或是增加重量。

* 資料來源：https://www.hpa.gov.tw/

思考

　　以上為美國運動醫學會（ACSM）運動測試與處方指引和全民身體活動指引，原則上來說可以說是大同小異，歡迎各位比較看看兩者之間相同和相異的地方。不過大家也可以思考看看，還有什麼應該被包含的內容，可是指引中沒有涵蓋的呢？歡迎大家閱讀後，思考和討論！

重量訓練常見器材和機器的優點和缺點

　　重量訓練／阻力訓練的種類有很多，根據歷史記載，早從古代希臘羅馬時代就有用重物提升體能的訓練方式，那麼常見的重量訓練／阻力訓練有哪些？為了安全、有效的訓練，我們又應該要如何選擇合適的訓練方式呢？建議大家根據以下考量選擇合適的訓練方式：

- 自身健身目標
- 體能現況
- 過去病史
- 所選訓練項目的特性
- 經濟預算
- 家人支持

重量訓練／阻力訓練的常見類型包括：

- 身體重量（Bodyweight）類型
- 輕阻力（Light Resistance）類型
- 重阻力（Heavy Resistance）類型

⒈ 身體重量類型

　　利用「身體重量」的類型，有身體重量、懸吊訓練、滑盤。

❶ 身體重量

　　利用身體重量進行阻力訓練是唯一一項什麼都不需要準備的重量訓練／阻力訓練，身體重量的特性是隨著個人體重輕重而定，所以沒有辦法在訓練時調整重量，因此針對相同動作也沒有辦法改變難易度。鑑於此，如果

同樣是初學者的話，體重越重的人練習起來通常會越困難，體重越輕的人練習起來可能越簡單。

用身體重量練習阻力訓練的**優點**：

● **自然**，符合日常生活功能性動作，所練習的動作通常是日常生活當中會做的動作，所以所習得的結果轉換率接近百分之百。舉例來說，徒手深蹲，對應到的就是日常坐下和站起來的動作。

● **便利**，不需要準備器材，接近隨時隨地都可以練習，不過還是要選擇合適的時間和地點。

● **全面**，徒手肌力訓練的大部分動作都需要上下半身和核心一起參與動作，訓練時不只有練習到目標肌群，也會練到協調性和本體感覺。

用身體重量練習阻力訓練的**缺點**：

● **縱向壓力和剪力較大，利用自身體重訓練時對關節壓力相對較大**：因為大部分的身體重量訓練都是閉鎖鍊動作（Closed Kinetic Chain），也就是動作時四肢不動同時身體移動，比如說弓箭步蹲、深蹲、伏地挺身都是。閉鎖鍊的動作優點是具有日常生活功能特性，其缺點是對於關節退化的學員，練習時會對關節面產生相對較多的壓力，所以有骨關節炎的同學應該優先選擇開放鍊（Open Kinetic Chain）動作。舉例來說，如果膝蓋關節有發炎或是骨頭間空間比較狹小的學員，建議不要優先選擇閉鎖鍊的深蹲（Squat）身體重量訓練方式，而應該選擇股四頭肌強化器材（Leg Extension Machine）開放鍊的器材訓練方式，開放鍊動作可以減少關節的縱向壓力和剪力，而且保持肌肉受到訓練重量的刺激，是避開風險和提升效益的練法。

● **進階**，相對機器來說，利用身體重量訓練時會需要核心部位的穩定度作為基礎，對於初學者來說，伏地挺身（Psuh Up）通常是很難的動作，因為初學者可能連平板式（Plank）都無法做得標準，所以對於缺乏核心部位穩定的同學們，建議應該優先選擇機器的訓練方式，後文會持續解說機器的優點和缺點。

❷ 滑步器訓練

滑步器的訓練是利用一塊可以捲起和打開鋪平的特殊材質表面光滑的板子，加上左右兩邊有塑膠檔板的小型器材進行肌力訓練。

滑步器的肌力訓練特點是在減少摩擦力的平面上進行穩定度練習，因為板子是橫向的，所以訓練動作很多是額狀面的動作，訓練動作就像是滑冰或是溜冰一樣，訓練起來非常有趣。

滑步器肌力訓練的**優點**：

● 有趣又好玩

● 具備功能性，許多競技運動很需要橫向的移動，比如像是籃球和足球。

滑步器肌力訓練的**缺點**：

對於運動技巧不好的人來說，有跌倒的風險，更別提年長者、孕婦或是骨質疏鬆者，基本上應該被禁止用這種方式練習。

2 輕阻力類型

❶ 彈力帶、彈力環

彈力帶、彈力環的**優點**：

● 方便好攜帶。

● 經濟便宜。

● 適應性阻力特性（Accomodating Resisantce）：拉得越長，阻力越強。

彈力帶、彈力環的**缺點**：

● 用力過猛或是長時間使用有可能會讓彈力帶斷裂。

● 無法練習較重的重量，也就是說不太可能用它進行肌肉發展的訓練。

● 很難精準計算實際對抗的阻力是多少。

❷ 彈簧

彈簧的阻力訓練可見於皮拉提斯的核心床上，其**優點**是：

● 適應性阻力特性。

彈簧的阻力訓練**缺點**是：

● 無法練習較重的重量，也就是說不太可能用彈簧進行肌肉發展的訓練。

● 很難精準計算實際對抗的阻力是多少。

　　輕阻力訓練可以很有效地用於啟動肌群和較小肌群的肌肉耐力訓練，從科學實證來說，如果訓練目標是肌肥大，不建議選擇輕阻力的方式，而應選擇使用重量訓練機器或是槓鈴、啞鈴進行訓練，才有助於肌肉發展。

❸ 重阻力類型

包括啞鈴、槓鈴、沙袋、壺鈴、棒鈴等。以下主要針對啞鈴和槓鈴進行介紹。

❶ 啞鈴

喜歡重量訓練的朋友們家中一定會有啞鈴，啞鈴是最好入手、也是最方便的重阻力訓練選項，常見的啞鈴中間有一根槓心，左右邊可以自行加減小槓片，末端有用旋轉型的卡扣固定的，也有用快扣固定的。

啞鈴的**優點**包括：

- **經濟**：便宜的啞鈴一個新台幣幾百塊就有了，對於預算有限的訓練者是個可以快速入手的選擇。
- **自然**：啞鈴中間的握把經過特殊設計，通常非常方便抓握，於是利用手持啞鈴的方式，加重練習酒杯深蹲（Goblet Squat）、弓箭步走路（Walking Lunge），動作都很自然。
- **符合日常生活功能性**：可以利用啞鈴練習日常生活推和拉的動作，有助於提升身體進行功能性動作的能力。
- **自由和靈活**：有別於大型機器所需要的空間，啞鈴只需要一個小小的空間就可以收納擺放，因為這樣的特性，所以在健身房、家中、戶外都可以練習，也因為體積較小，所以無論是站姿、仰臥姿、俯臥姿的動作都可以進行練習。
- **全身性訓練**：因為體積小和其靈活性，所以無論是練要下半身、上半身，利用啞鈴都可以訓練得到。
- **有助於核心穩定**：啞鈴因為是以手持的方式負重，所以如果是啞鈴前深蹲（Dumbbell Front Squat）的話，雖然是在練下半身，可是因為負重是以手握的方式進行，所以核心也要出力穩定，練習的同時肩膀和

手臂前側也需要出力穩定，因此，啞鈴訓練有助於提升核心穩定度和身體的協調性。

● **重量選擇多**：啞鈴重量最輕的大約是 0.5 公斤，最重的通常大約是 40~50 公斤。現在有可調式啞鈴可以選擇，只要調整卡榫就可以一秒調整重量，非常方便。

● **可單邊操作**：經過科學研究，發現雙側缺失（Bilateral Deficit[2]），意思是，單邊練習的重量加總起來會比雙邊同時練習的重量更重，舉例來說，如果雙邊一起練習划船的話，訓練者 1RM 可以拉 40 公斤，可是如果是單邊划船的話，訓練者 1RM 可能可以拉 25 公斤，所以兩個單邊加起來是 50 公斤，科學家認為這樣的單邊可以輸出更多力量的表現應該是基於單邊輸出時中樞神經壓力較少的關係。實務上，對於要訓練肌肥大的學員來說，透過單邊來突破目前可以練習的重量上限，是一個很好的方法。

● **訓練方式多元**：訓練者可以利用較輕的啞鈴進行循環訓練，同時訓練肌肉耐力和心肺有氧，也可以選擇較重的啞鈴訓練肌肉耐力，還可以選擇更重的啞鈴練習肌肉發展和最大肌力。

綜合以上啞鈴訓練的優點，會發現啞鈴的確是既便利、經濟又多元實用的工具。從以上的各項訓練分析，應該不難發現，每種訓練的特性就決定了該訓練的優點和缺點，水能載舟亦能覆舟，訓練工具也是一體兩面的。

2　Jakobi, J. M., & Chilibeck, P. D.（2001）. Bilateral and unilateral contractions: possible differences in maximal voluntary force. Canadian journal of applied physiology = Revue canadienne de physiologie appliquee, 26（1）, 12–33. https://doi.org/10.1139/h01-002

那麼啞鈴有什麼**缺點**呢？

● **容易耗損**：有些啞鈴因為太便宜，所以外層包覆的材質可能會發霉，用一段時間就會想要丟掉。有些啞鈴使用久了之後會生鏽或是槓片外的塑膠包材會裂掉，需要換新的。

● **缺乏動作軌道和範圍限制**：相對於機器來說，啞鈴的訓練缺乏軌道設定和可動範圍限制，對於初學者來說，確實會比較難。

● **負重方式單一**：啞鈴主要是用手抓握的方式負重，這樣的負重方式很單一，對於手很小或是手有受傷的訓練者是難以練習的。

● **需要基礎核心穩定度**：以站姿前俯划船的動作來說，訓練者要屈髖，保持脊柱延伸拉長，還要保持核心整圈收緊用力，所以很多啞鈴訓練的動作對於初學者來說是比較困難的。

● **更換重量麻煩**：如果啞鈴的槓片是用旋轉式卡扣固定的話，相信我，用過的人都會很懶得一直更換，因為耗時又麻煩。

● **啞鈴的槓片可能會有掉落風險**：如果啞鈴兩邊的槓片太多，可能會鎖不緊而造成掉落的風險，有點危險。

● **開始和退出動作的風險**：如果用很重的傳統啞鈴訓練，最好是有人幫忙預備和退出動作，有用很重的啞鈴練習過胸推或是肩推的訓練者都知道，預備和退出動作的時候是最容易拉傷的，所以在追求加重的階段，其實機器也是很好的選擇，因為相對安全很多。

● **收納空間**：如果所準備的啞鈴是固定重量，而不是可調式重量的話，一組大約會有 20 支啞鈴，那麼多啞鈴如果沒有用啞鈴架集中擺放，放在地上會占很多空間，而且還有腳會踢到的風險。

● **訓練方向有限**：啞鈴是利用地心引力，所以訓練的動作是由下往上向心收縮，由上往下離心收縮，可是如果要練習從上往下的向心收縮，啞鈴訓練是做不到的，所以有些動作就必須要用機器或是滑輪鋼索機器訓練。

❷ 槓鈴

　　大約是在 20 世紀初，為了在奧運會上比賽使用，槓鈴開始有了標準化的重量和尺寸。現代的槓鈴大多是由高強度的鋼製成，以奧林匹克槓鈴來說，是專門為舉重、健力比賽而設計的。標準的奧林匹克槓分為男槓和女槓，男槓桿直徑為 28 毫米，重量為 20 公斤，女槓桿直徑為 25 毫米，重量為 15 公斤，槓的長度都是 220 公分。槓鈴片的標準內徑則是 50 毫米。槓鈴兩端套筒通常有滾珠軸承設計，這樣一來，在動作過程中，可以減少手腕和前手臂的壓力。槓鈴即使是鋼做的，但具備一定彈性。在很重的時候，其彈性會使得兩端下垂一些，這樣的彈性也有助於運動進行和完成動作。

　　槓鈴的**優點**：

- **相對不占空間**，和大型機器相比，槓鈴所占的空間還是比較小一些，如果有槓鈴架的話，還可以立起來收納。

- **有利於和常模比較**，重量和動作都有標準化，深蹲、硬舉、握推，都可以很簡便地查詢到常模資料對照，了解自己在目前的年齡區間做這樣的重量，體能的狀態是好還是不好，抑或是非常需要改善。

- **重量平均**，不像啞鈴是分開抓握，槓鈴是一整支用雙手抓握進行練習，所以在練習槓鈴的時候，也可以利用槓鈴的重量分布平均特點，訓練平衡與平均出力。

- **可大幅度的加重**，如果要練習大重量，槓鈴是最好的選擇，利用槓片在兩端加重，運動員可以加重到 100 公斤、200 公斤，最多到 500 公斤。（當然一般人不會練習到這麼重的重量）

- **提升本體感覺**、協調性與平衡，使用槓鈴的訓練是屬於自由重量的訓練，因此訓練者需要有足夠的核心穩定度和協調性才可以進行練習，相對來說，在利用槓鈴訓練時，也可以提升本體感覺、協調性與平衡。

槓鈴的**缺點**：

- **重量太重**，以標準槓來說，就算是空槓，女槓 15 公斤、男槓 20 公斤，對於初學者而言還是太重了，因此標準槓對初學者不算是友善的工具之一、除非是用比較輕的非標準槓，倒是可以嘗試看看。以初學者來說，機器型的重量訓練還是比較好入門的。

- **標準槓的長度很長**，220 公分並不算短，身材嬌小的人操作起來會很挑戰，一不小心也可能會敲到旁邊的訓練者。

- **受傷風險相對較高**，因為槓鈴是屬於自由重量，如果一旦重量選擇太重或是核心不穩定，或是操作方向不對的話，都有可能受傷，訓練時要特別小心，最好是有教練指導會比較安全。

- **需要輔助**，重量訓練的致命意外相當罕見，不過如果意外發生，有可能是不當使用槓鈴造成的。以發生過的案例來說，有訓練者在握推的時候因為重量過重而因為被壓住，也有深蹲重量太重，槓鈴壓到頸椎而送醫不治的。為了避免憾事發生，首先應該要量力而為，其次要有教練在場，再者要架好安全架，限制槓鈴的末端範圍，最後，要有輔助人員。如果太重的話，也有可能因為出力時憋氣而中風。總而言之，因為槓鈴可以進行的重量比較重，在練習的時候一定要特別小心，以免發生意外。

❸ 重量訓練機器

重量訓練機器是最昂貴的選項，鑑於空間及預算，一般人的家中通常不會設置大型的重量訓練機器，而會在健身房使用。

大型重量訓練機器的**優點**：

- **穩定度高**：重量訓練機器廠商如 Hoist、Precor、Hammer、Life Fitness、

Johnson、Matrix 等皆委請專家根據人體肌動學和生物力學設計出最有效率的健身設備，為了有效孤立化訓練，機器的支撐性都會十分足夠。以坐姿胸推（Seated Chest Press）機器為例，坐墊和背靠皆提供高度穩定性，此外，動作可進行的軌道和可動範圍也都經過完善的考量設計而成，為了預防受傷，通常機器還會設有腳踏裝置，一往下踩，把手就可往前到胸部左右兩邊方便推動，也允許動作從較安全的可動範圍開始。動作方向和軌道因為經過考量和設計，所以通常在往前推時，握把會略往身體中心線靠近以促進胸肌完整收縮，離心回來的末端可動範圍也會有限制以避免拉傷。

● **孤立化訓練**：大部分的大型重量訓練機器的設計理念，皆是針對某特定肌肉群進行孤立化訓練，比如說 Leg Extension 是訓練股四頭肌，Leg Curl 是訓練腿後腱肌群。每一個肌群需要一台機器，整個系列加起來約有 20 台，若再加上小肌群訓練，可能高達 30 台的機器，占地空間很大，所以通常都是在健身房才會看到這類大型機器。

● **方向固定**：除了半自由式的機器，一般的機器因為有固定軌道，所以方向都很固定。舉例來說，坐姿後飛鳥機器，一旦健身者坐上調整好的座椅，將胸靠在靠墊上後，肩膀水平外帶的方向就是在水平面上往後方遠離身體中心的方向進行。方向固定的好處是相對安全、有效，而且能避免傷害。

● **軌道固定**：除了半自由式的機器像是 FREEMOTION 品牌的產品，一般大型機器的設計，軌道都是固定的。以坐姿划船的機器來說，將坐墊調整好高度之後，拉的軌道就是單一固定的往後，不會往上或往下，也不會往外或往內。軌道固定的好處是可以孤立化訓練想要訓練的特定肌群，也可以避免代償的動作出現。

- **可動範圍有限**：可動範圍有限可以是優點也可以是缺點。優點是，可以限制動作不要過大，否則可能會造成受傷。

- **更換重量快速方便**：昂貴的大型重量訓練機器的槓片都是插銷式的，在更換重量時不須一片一片更換，只要直接拉出插銷，再插回要練習的重量即可，這樣的設計有助於有效利用訓練時間，縮短組間休息時間，維持訓練強度。

- **適合初學者練習**，綜合以上所有優點，大型重量訓練機器是適合初學者練習的，因為相對安全。當然也適合想要孤立化訓練的追求充足肌肉刺激的健身者和健美選手。

大型重量訓練機器的**缺點**：

- **缺乏核心穩定度訓練**：大型機器因為支撐性和穩定度太高，反而使核心可以不需要參與就能練習動作，可是日常生活功能型動作的推和拉並沒有靠墊支撐，所以重量訓練機器對於提升日常生活功能之動作能力效果有限。

- **缺乏平衡和協調的訓練**，因為孤立化訓練的關係，機器的支撐性和穩定度太高，導致是坐著或是躺著練習動作，可是日常生活通常是站著進行動作，因此在機器上會缺乏平衡和協調的訓練。

- **缺乏方向變化**，因為方向固定，以坐姿胸推機（Seated Chest Press）來說，只能往前推，沒有辦法往斜上推或是斜下推。然而這樣角度的變化可以改變訓練刺激的肌纖維是靠近鎖骨端或是胸骨下端，也就是所謂的上胸或是下胸，因此，如果要進行全面的整合式訓練，務必要包括機器、器材和自體重量的訓練。

- **穩定肌群參與機會減少**，因為軌道固定加上支撐性強的關係，導致穩定肌群的參與度下降，以坐姿過頭肩推（Seated Shoulder Press）來

說，在上面練習的時候，背部是靠在靠墊上的，這樣的方式導致核心部位不需參與太多也可以完成動作，如果是用啞鈴站姿練習過頭肩推（Standing Overhead Shoulder Presss）的話，下半身和核心都一定要排列好，也要穩定核心才可以進行，否則可能會有椎間盤壓迫的風險。相對來說，機器的訓練會減少穩定肌群的參與機會。

● **可動範圍有限：**如同上述，可動範圍有限是優點也是缺點，對於有些比較小的機器，身材高大的人使用起來，會變得可動範圍不足，因此無法練習關節全可動的範圍的動作，甚至可能因為範圍有限而無法練習動作。這種情況下，可以選擇自由重量像是槓鈴或是啞鈴練習來避免此問題。

● **可能導致休息過長，降低訓練效益：**支撐性、穩定性高和更換重量方便等特點，可能讓訓練者變得懶惰，導致組間坐在機器上休息、滑手機的訓練者比比皆是。要提醒大家，在機器上休息是很沒有禮貌的行為，霸占著機器不使用，不僅影響其他訓練者的權益，也容易因為自己休息時間太長，而造成訓練效益下降。

● **不適合完全新手練習：**雖然上文有提到這適合初學者練習，不過前提是要知道如何調整坐墊或是靠墊，以及知道有哪些肌群參與動作，如此一來，訓練才會安全有效。如果完全新手不知道怎麼調整座位，或是不知道可動範圍，又過度加重的話，容易有受傷的風險。只能說，重量訓練機器雖然比較自由重量初階一些，可是對於從來不曾運動的完全新手來說，還是要請教練指導會比較安全！

❹ **滑輪繩索器材**

滑輪繩索器材就是俗稱的「飛鳥機」，這是因為愛好健身者通常會利

用它來作站姿的胸飛鳥（Cable Chest Fly）的動作，這個動作可練胸，深受男士們喜愛，因此後來滑輪繩索機便被簡稱為飛鳥機。

飛鳥機又分為「小飛鳥」和「大飛鳥」。小飛鳥是由兩座有槓片的機台組成，通常這兩座機台中間會有一個橫桿，這個桿子剛好可以用來作為引體向上使用，兩邊機台的槓片可由插銷改變重量，機台內部的滑輪由鋼索穿過，鋼索的末端會在機台左右往側兩邊，可以上下調整位置，繩索的末端會形成一個環，可以用鉤子更換成各種握把、繩索或是綁帶，提供多功能的訓練，這樣的機台在健身房、運動工作室、運動教室、熱愛運動者的家中都可以看到。

至於大飛鳥這種大型滑輪繩索機，通常是在健身房才會看到，它中間的橫桿會比較長，可能有兩米以上，左右兩座機台分別都各有四面，且都有槓片和滑輪，所以會形成有八面都可以利用槓片、滑輪和鋼索進行訓練。

滑輪繩索機的**優點**：

- **多角度**：滑輪繩索機的末端可以上下移動，不像自由重量只能對抗由上往下的重量，也不像大型機器只能做單一方向和單一軌道，以拉的動作來說，可以練習平拉、由上往下拉、由下往上拉，多個角度都可以練習到。多角度的變化可以讓訓練更靈活，也讓肌群刺激更全面。

- **保持肌肉受力**：以仰臥飛鳥（Bench Chest Fly）這個動作為例，如果是用舉重椅來練習，當肩膀水平內收到啞鈴回到肩膀正上方時，因為重量是由上而下的，所以重量都落在關節和骨頭上，胸大肌幾乎不用出力。而如果是用滑輪繩索機練習，就算一樣是用仰臥姿在舉重椅上的姿勢，因為飛鳥機的兩邊末端可以透過設定在身體左右兩邊的外側，所以算是在雙手握緊握把，回到握把在肩膀前方的時候，槓片透過繩索還是有一股向外拉的力量，這樣的力量可以保持肌肉持續受力

（Muscle Under Tension, MUT），因此就算是通常在生物力學槓桿省力的關節排列時，利用滑輪繩索機的訓練就可以在通常省力階段時還是保持用力，這個就是使用滑輪繩索機的主要原因和主要優點。

- **核心穩定度、平衡、協調性：**滑輪繩索機的訓練通常是以站姿居多，比如像是站姿股二頭肌（Standing Leg Curl）強化，是以單腳站的方式練習，因此需要核心的穩定度、平衡和協調性。以站姿胸飛鳥（Standing Chest Fly）的動作來說，雙腳是前後站，要將把手由外往內，由後往前做出肩膀水平內收動作，動作過程中，要維持骨盆和脊柱的穩定，避免前後搖晃，需要出很多力氣在維持核心部位穩定上。若利用滑輪繩索機，就可以同時訓練到核心穩定度、平衡和協調性。
- **更換重量方便：**比較昂貴的滑輪繩索機和大型重量訓練機器一樣適用插銷式的更換重量，這樣的方式快速又方便。比較便宜的滑輪繩索機適用槓片的方式更換重量，因為套筒通常很長，加上的槓片不容易掉落，所以相對來說既方便又快速。

滑輪繩索機的**缺點：**

- **教練或是練習者需要具備比較完整的人體解剖學、肌動學、生物力學概念才能夠調整器材到合適角度進行有效的訓練：**若是缺乏上述的綜合觀念和考量的話，有可能會設定器材在不合適的位置上，反而增加運動傷害的風險，也增加關節損傷的機會。再次以站姿飛鳥（Standing Chest Fly）為例，照常理來說，應該是要將兩邊器材設定到可以由外往內、由後往前的角度進行，可是如果是用小飛鳥機來練習的話，沒有經驗的教練或是健身者可能將兩端把手設定在肩膀後面靠近身體中心線的位置，這樣的練習會變得很奇怪而且很難用力，因為力線不對，角度也不對，在肩膀水平外展的時候會很吃力，可是過程卻會越來越

簡單，而且如果器材設定的位置是在肩膀後面的話，練習過程會很明顯感覺壓力往肩關節擠壓，關節會很不舒服。因此，我通常會要求教練在設計動作時可以以大型機器為例子進行設計，並且所設計的動作都應該要自己練習過，才可以有效利用滑輪繩索機的優點和好處。

● **需要基礎核心穩定度、平衡和協調性**：通常優點就是缺點，如果沒有一定程度的基礎核心穩定度、平衡感和協調性的話，初學者很難直接用滑輪繩索機練習動作。舉例來說，如果教練請學員直接用滑輪繩索機抓握把手練習肩胛後收，常常發現初學者會一直彎手肘，而不會做出肩胛後收的動作。當教練持續要求，學員又做不到的話，往往會令學員覺得受挫，甚至惱羞成怒。因為站姿肩胛後收的動作，第一個要站穩，膝蓋要微彎，骨盆、腰椎要中立，脊柱要延伸拉長，要維持核心穩定、平衡加上還要做出學員平常做不到的動作時，真的很挑戰雙方的耐心，也容易破壞學員和教練之間的信任關係。所以有些動作，建議先從徒手的地板動作練習，或是先用大型機器練習，等到動作熟練時再選擇滑輪繩索機來練習，會比較符合學員技術適能的進程。

● **沒有可動範圍的限制**：因為滑輪繩索機是屬於半自由重量的訓練方式，所以沒有大型機器的軌道、方向的設定和限制，導致有些沒有經驗的健身者會做出超出關節安全的可動範圍，而造成關節損傷，像是肩外展時手肘抬太高而造成肩夾擠症候群。又或者是有些健身者不瞭解滑輪繩索機主要就是要利用不同角度讓肌肉持續受力，不僅沒有享受到肌肉持續受力的優點，反而因為動作缺乏控制而招致傷害。此外，有些健身者因為不熟器材操作，會出現反覆摔槓片的情形，發出巨大的槓片撞擊聲響而引起眾人側目，嚴重者甚至會被禁止使用。使用這種器材一定要小心，再次強調：「不懂的話就要問，不要不懂裝懂！」不小心導致受傷就得不償失了，最好還是請教練指導比較安全又有效。

1.7

正確的運動方式有效預防運動傷害

本小節會針對如何正確運動可以有效預防運動傷害進行講解。

過去沒有運動習慣的民眾，在一開始運動的時候，會覺得有運動就好，對於細節比較不講究，因此有可能自行摸索，模仿他人的動作，或是上網看 YouTube 影片依樣畫葫蘆地學習。這樣練習運動了一段時間後，不少人可能會不小心受傷，或是開始覺得關節怪怪的，於是因為不舒服或是疼痛必須去看復健科醫師，經過診斷之後，還可能需要接受治療和復健，這都是因為一開始沒有講究如何正確的運動！

所以，運動是不是有做就好？其實真的不是！而是應該要用「正確的」方式運動才對！否則雖然省下了上私人教練或是團體班級的時間和金錢，卻犧牲了自己的關節健康，實在是得不償失。我在教室常常碰到學員們陳述這樣的經歷，也就是說，以能省則省的心態開始運動，結果大多數的人後來發現，運動這門學問其實很深，因為運動要考量運動生理學、人體解剖學，這些學問都需要深刻了解人體，進而選擇合適的運動，而且人體實際上是非常複雜的，所以對於個人運動的相關考量都會不一樣，需要考量每個人的過去病史、家族遺傳、生活習慣、工作型態、飲食習慣、年紀、性別、是否有懷孕或生育過、生理狀態、軀幹部和上下肢骨頭的長短和個人喜好與健身目標，再設計和選擇合適的運動內容。本小節主要精準地指出正確又安全關節排列方式，基本上按照這樣的正確運動方式，可以大幅度減少運動傷害的風險。

所謂**有效的運動，第一個原則就是要安全**，所以教練們對於關節和骨頭的構造與肌動學應該要有詳細的了解，才能夠提供優質、合格、安全、

有效的運動指導。

在第五篇的訓練動作中，教練們會學到如何從預備位置建立正確的關節排列，接著再指導動作時的動作方向、軌道和節奏，在動作指導中會一直反覆出現的口指令包括了以下這些內容：

- 雙腳踩穩，兩腳掌平行，將兩腳的腳趾頭張開踩下。
- 排列髖部、膝蓋中點、第二根腳趾排列成一直線。
- 保持膝蓋微彎不鎖住（過度伸展）關節。
- 維持骨盆、腰椎中立。
- 脊柱延伸拉長。
- 保持核心收緊。
- 肩胛骨維持中立位置。
- 將頸椎延伸拉長，不抬頭，不低頭。
- 平視前方。
- 從前面觀察，兩髖同高，兩肩同高。
- 從側面觀察，耳朵、肩膀、臀部、膝蓋外側、腳踝外側一直線。

在第五篇的訓練動作裡面，各位會反覆看到這些口指令。為什麼每個動作都要涵蓋到這些口指令？因為這些是不可以被省略的「**安全指令**」，如果缺乏了以上這些指令，同學們在練習動作的時候就有可能因為疏忽而受傷，而這是教練們不應該犯的錯誤，也是身為教室負責人的我最沒有辦法接受的失誤，因為錯誤的運動訓練有可能會造成運動傷害。

確保運動安全的口指令

　　水能載舟，亦能覆舟，重量訓練 / 阻力訓練若是利用得當的話則好處多多，反過來說，錯誤利用則有可能會對身體造成傷害！我接下來會從足踝開始講解正確的關節排列方式，以及如果沒有按照這些安全指令練習有可能會造成的運動傷害，講解的順序會先從足踝開始，然後一路往上直到頸部。

❶足踝部位

　　正確的安全關節排列指令：

- **雙腳踩穩**
- **兩腳掌平行**
- **將兩腳的腳趾頭張開踩下**

　　若練習者在練習重量訓練 / 阻力訓練時沒有將雙腳排列好，沒讓雙腳腳趾頭張開踩下，特別是大腳趾沒有往下踩的話，會導致腳外八和足弓塌陷，用這樣的姿勢做重量訓練，會使重量全部落在第一蹠趾關節和腳底內側的地方。若練習者有拇趾外翻，可能會使情況惡化，就算是沒有拇趾外翻，也可能因為這樣錯誤排列的練習方式，而導致拇趾根部或足弓內側有贅骨增生（骨刺），嚴重的話可能會影響走路，甚至必須開刀治療。正確運動的「安全指令」是不能夠妥協的！

　　運動員在練習重量訓練時，若沒有養成上述習慣，有可能在進行其他需要跑跳的運動時，導致落地不穩定，而造成腳踝扭傷，腳踝扭傷是運動員最容易發生的傷害，身為專業的合格教練，在指導學員的時候，應該要注意他們的足部排列。以避免累積成壞習慣，而造成運動傷害。

❷膝蓋

膝蓋是運動員第二個容易受傷的部位，也是一般人容易退化的關節之一。在練習重量訓練的正確關節安全排列指令：

- 排列髖關節、膝蓋中點、第二根腳趾成一直線。
- 保持膝蓋微彎不鎖住（過度伸展）關節。

膝蓋若未正確排列，會向內傾倒，這樣的膝蓋內扣，有機會造成**內側副韌帶損傷、半月軟骨損傷、十字韌帶撕裂或斷裂**，在練習重量訓練的時候，雖然很大一部分是由關節承受重量的壓力，不過在練習時應該將重量盡量分配在臀部和腿部的肌群上，讓肌群參與和完成動作。千萬不可以用錯誤的關節排列來練習動作，錯誤的排列加上錯誤的承重技巧，可能會造成關節損傷！

膝蓋有個特殊的功能，就是在彎曲的時候可以做出小腿外旋的動作。因為足弓有塌陷的空間加上膝蓋在彎曲時有外旋的功能，所以我們的膝蓋在彎曲時可以向內互相靠近，但是，在重量訓練時讓膝蓋互相靠近是非常危險的！因為這樣的橫向壓力，很有機會讓**內側副韌帶損傷**，也會將壓力異常地壓迫在**半月軟骨**上！大家要記得千萬不可以這麼做！如果用錯誤的關節排列動作運動，比如錯誤地單腳跳和落地的話，甚至有可能會造成十字韌帶斷裂，十字韌帶萬一斷裂了，只有開刀治療一途，算是很嚴重的運動傷害，所以請大家在運動的時候一定要用正確膝蓋排列方式運動！

膝蓋外翻的原因之一有可能是因為運動方式太單一，或是缺乏伸展造成的，因為膝蓋外側的肌肉，特別是股四頭肌的外側頭若過於緊繃，會造成膝蓋在彎曲時膝蓋骨往外偏移，進而造成髕骨下方的損傷和疼痛。不過這樣的偏移可以透過矯正運動改善，首先，要先抑制大腿外側的緊繃，去

改善肌肉張力，然後再透過伸展恢復肌群長度，接著再強化大腿內側，包括股四頭肌的內側頭，最後進入整合階段，再用正確的排列進行蹲站訓練，透過矯正運動的系統化程序練習，即可獲得很好的改善效果。

髕骨股骨疼痛症候群，通常和膝蓋外翻有關，也就是因為膝蓋骨移動的軌跡不正常，而造成的損傷和疼痛，嚴重的話，有可能導致膝蓋骨下的軟骨都磨損的結果。如果不改善，可能惡化成一走路就痛，所以再次提醒，正確的運動方式非常重要，如果想要改善的話，記得要先去看醫師，接受治療和復健，然後在取得醫師同意後，以系統化矯正運動方式改善，並且通常需要加入大腿外側滾筒放鬆和股四頭肌與腿後腱肌群的伸展和強化，即可遠離此症候群。

髂脛束症候群，運動愛好族群包括喜歡跑步、騎單車、打籃球、打羽球、打網球，需要長時間利用下半身進行運動的民眾，有可能會經歷過在彎曲膝蓋時，膝蓋外側或是臀部外側會有一條筋摩擦經過的疼痛感覺，這就是「髂脛束症候群」。預防之道，就是在訓練和運動完之後，確實用滾筒放鬆大腿外側和伸展髂脛束，即可有效預防。

❸ 脊柱部位

正確關節排列的安全指令：

● 維持骨盆、腰椎中立。

● 脊柱延伸拉長。

● 保持核心收緊。

如果沒有正確排列關節練習重量訓練／阻力訓練會發生什麼樣的傷害呢？

舉例來說，如果在練習硬舉（Deadlift）時沒有維持脊柱中立的排列位置，加上核心又沒有出力，然後又用很重的重量進行練習的話，有可能會造成**腰椎椎間盤突出、胸椎椎間盤突出、坐骨神經痛**，因為我們的脊柱是一節一節的，所以在練習以髖關節為支點的動作像是硬舉（Dealift）、深蹲（Squat）、羅馬椅背部伸展（Roman Chair Back Extension）時，應該要將**脊柱延伸拉長，保持核心收緊**，否則以錯誤的排列加重練習，結果就是犧牲了自己的關節健康，如果不幸造成嚴重椎間盤突出，也有可能要進行開刀治療。

而長期腰椎排列不正確的話，還可能導致**腰椎滑脫**，如果沒有危機意識而錯過了黃金治療時間的話，有可能會惡化成**椎弓解離**，也就是椎弓骨折，嚴重的話，走路會軟腳，甚至無法行走，需要開刀治療。

聽起來很恐怖，對不對？不過矛盾的事情來了，經歷了椎弓解離的開刀治療後，恢復和復健時還是要靠運動，做正確的核心運動才能恢復肌力穩定腰椎和避免復發。所以要提醒大家，並不是運動本身風險高，而是錯誤的運動方式會讓關節暴露在風險之中，其實只要做正確運動，就會安全又有效的，記得喔。

❹ 肩膀部位

正確關節排列的安全指令：

● **肩胛骨維持中立位置。**

為什麼肩胛骨維持中立位置對於進行肩膀的動作是重要的呢？因為考量到肩胛肱骨節律。所謂的肩胛肱骨節律是指在肱骨外展超過 30 度的時候，肩胛骨和肱骨會以一比二的比例活動完成肩膀外展的動作。舉例來說，

肱骨外展到 90 度時，肩胛骨會自然上旋 20 度，當肱骨外展到舉手過頭的 180 度時，肩胛骨會有 40 到 60 度上旋，這是關節正常的節律。當我們在練習肩膀周邊的各項動作包括推和拉、肩外展（Lateral Raise）、過頭肩推（Overhead Shoulder Press）的時候，都應該要考量到肩胛肱骨節律，而**不是過度的後收下壓肩胛！**

　　大約是 15 年前，我剛投入健身產業，那時我們在學推和拉的預備位置的口令是要將**肩胛後收下壓**的！我自己這樣練習大約將近十年的時間，在這十年裡，因為我胸推最多可以到快要 100 公斤的關係，所以我常常在練完胸之後出現肩膀疼痛的感覺，期間也因此經歷過看醫師、治療和復健。後來，我在 2018 年去上 Dr. Evan Osar 的整合矯正運動課程，這位矯正運動專家老師（也是整脊師）說，因為考量到肩胛和肩關節結構的關係，所以我們應該讓肩胛骨中立，用接近「懸浮」肩胛骨的方式進行推和拉的練習，當下這個知識徹底推翻了我過去接受到的教育和練習的習慣，我花了兩天才消化吸收了這正確觀念。神奇的是，當我後來改成用肩胛骨中立的懸浮練習肩關節周邊的各項重量訓練動作後，我的肩膀疼痛竟自然地不藥而癒！我才領悟到，在進行肩關節周邊訓練時保持肩胛骨的中立位置的重要。所以請大家一定要記得保持肩胛骨中立位置來進行肩膀周邊的重量訓練／阻力訓練，這樣練習才會安全又有效。

　　二頭肌撕裂傷和胸肌撕裂傷都是常見的運動傷害，這樣的傷害可能源自於選擇的重量太重或是離心收縮速度太快，教練們應該協助學生選擇適當重量，以安全的進行向心和離心收縮的訓練。

　　肩夾擠症候群通常發生於肱骨在外展的時候沒有外旋，而進行超過肩外展 90 度的動作，這樣的動作有很大的風險會夾到棘上肌、肱二頭長頭的肌腱而造成發炎，或是擠壓的肩峰下的滑液囊造成發炎，因此為了避免肩

夾擠症候群，教練們應該指導正確和安全的可動範圍，且協助同學正確啟動和用正確的發力順序進行練習，才可避免這樣的運動傷害。

肩外旋肌群拉傷，肩膀外旋的肌群會拉傷，有可能是因為缺乏訓練和缺乏拮抗原則（後面章節會講解）訓練造成的，肩外旋的肌群是棘小肌和小圓肌，是相對薄和短小的肌群，如果運動的族群會有像棒球投手丟球的動作，一旦缺乏肩外旋肌群的訓練，肩外旋肌群就會很容易拉傷，所以當專業的教練在帶運動的時候，一定要記得除了訓練大肌群之外，也要留一點時間帶學員練習小肌群，像是棘下肌和小圓肌，這樣才可以有效預防運動傷害的發生。

❺頸部

正確關節排列的安全指令：

● 將頸椎延伸拉長，不抬頭，不低頭。
● 平視前方。

當我們在進行重量訓練／阻力訓練時，也要留意頸椎的中立位置，這樣可以幫助我們培養正確的本體感覺。練習時過度仰頭或低頭，有機會讓頸部肌肉代償，甚至有可能不小心拉傷頸部，而且過度抬頭或是低頭，視線的高低會影響我們的平衡感，在練習很重的重量時，可能有造成重心不穩而跌倒的風險，所以提醒大家記得要將頸椎延伸拉長，不抬頭和低頭的練習動作，除非是刻意練習頸部的肌肉，那就另當別論了。

久坐造成上、下交叉症候群

從側面觀察，耳朵、肩膀、臀部、膝蓋外側、腳踝外側一直線。

現代人常出現上交叉症候群和下交叉症候群的現象。捷克醫師 Vladimir Janda 指出，現代人因為久坐，髂腰肌變得短而無力，導致臀大肌被拉長而無力，向上影響到下背肌群變得短而無力，腹部肌群被拉長而無力，於是短而無力的髂腰肌和下背肌群連成一線，被拉長而無力的腹部肌群和臀部肌群又連成一線，從側面看就形成了下交叉症候群。

上交叉症候群，以上半身來說，因為胸肌很緊，導致上背肌肉被拉長，進而影響頸部後側肌肉很緊，又造成頸部前側肌肉被拉長，胸和頸後肌都很緊而無力連成一線，上背和頸前肌都被拉長而無力連成一線，就是所謂的上交叉症候群。

肌群若變成短而無力，可以透過矯正運動的抑制程序和伸展進行改善，肌群若變成被拉長而無力，可以透過矯正運動的啟動和強化而改善，而身為重量訓練／阻力訓練的合格教練，就是在指導站姿動作時，從側面去觀察，學員的耳朵、肩膀、臀部、膝蓋外側和腳踝外側要排列成一直線，這樣有助於學員在練習時安全正確的排列關節，並且避免上、下交叉症候群的發生或復發。

回家
功課

中交叉症候群

上下交叉症候群大家應該都略有耳聞，不過大家有聽過中交叉症候群嗎？鼓勵大家自己找找資料，了解什麼是中交叉症候群。

系統化整合式運動與重量訓練

早期，大約在 10~20 年前的訓練，項目確實是比較單一的，喜歡做重量訓練的朋友會一直練習重量訓練，喜歡瑜伽的朋友就會天天練習瑜伽，喜歡跳有氧的就會一直跳有氧，可是後來有學者和專家提出「整合式體適能」的觀念，也就是說，運動應該包括心肺有氧、肌力訓練、柔軟度和技術適能。以下我列舉美國運動醫學會（American College of Sports Medicine）、美國運動委員會（Amercian Council on Exercise）、美國國家運動醫學學會（National Academy of Sports Medicine）和國際體育科學協會（International Sports Sciences Association）的整合式運動觀念：

❶ 美國運動醫學會（American College of Sports Medicine，簡稱為 ACSM），在 ACMS 的《Resources for Personal Trainer, Sixth Edition》的第十三章提到：以健康體適能來說，最佳的運動計畫應該包括心肺有氧適能、阻力訓練（重量訓練）、柔軟度訓練、神經運動訓練（平衡、協調、敏捷度和本體感覺訓練）。

❷ 美國運動委員會（American Council on Exercise，簡稱為 ACE）的整合式體適能訓練（Integrated Fitness Training，以下簡稱為 IFT）包括了四個階段，功能型運動和阻力訓練的階段分別是：
- 第一階段：**穩定性和靈活度。**
- 第二階段：**動作訓練。**
- 第三階段：**負荷訓練。**
- 第四階段：**運動表現訓練。**

而 ACE IFT 的心肺訓練也分為四階段：

- 第一階段：**有氧基礎訓練**。
- 第二階段：**有氧效率訓練**。
- 第三階段：**無氧耐力訓練**。
- 第四階段：**無氧爆發力訓練**。

這樣的整合式訓練觀念式的連續體，會視學員的體能狀態選擇合適的運動內容和合適階段進行訓練。

❸ **美國國家運動醫學學會（National Academy of Sports Medicine，簡稱為 NASM）** 推出和提倡的整合式訓練稱為 OPT（Optimum Performance Training）模型，可以譯為「最佳表現訓練」。根據官網資料顯示，OPT 模型是由 Mike Clark 博士所研發的健身訓練系統，利用了廣泛的科學實證和原理所創建，主要分為五大階段，第一階段是穩定耐力，第二階段是力量耐力，第三階段是肌肉發展也就是肌肥大，第四階段是最大肌力，第五階段是爆發力。

- 第一階段：**穩定度訓練**，專家們明確指出，學員在訓練的時候應該進行運動速度較慢的動作，並且重複次次數較高，約 12~20 下，主要是要加強穩定度。

- 第二階段：**肌耐力訓練**，訓練肌肉耐力，該階段可以使用超級組技術，像是臥推和俯臥撐，在這個階段中，組數會增加至 2~4 組，次數會下降至 8~12 下，意味著重量會增加。

- 第三階段：**肌肉發展訓練**，主要目的是發展肌肉和提升力量，會縮短組間休息時間，此階段建議的阻力訓練組數是 3~6 組，每組 6~12 下，強度會拉到 75~85%。

● 第四階段：**最大肌力**，訓練目的是提升最大肌力，強度會提升到 85~100%，每一組的重複次數是 1~5 次，每次練習 4~6 組，這也意味著不是每個學員都會需要經歷這個階段，因為有些學員的體能狀態沒有辦法進行這麼高強度的訓練。組間通常會需要更長的休息時間。

● 第五階段：**爆發力訓練**，目的在於用快的速度進行力量訓練，一樣可以使用超級組的方式訓練，選擇兩個生物力學相似的動作進行練習，用最大力量練習 1~5 次，然後再用低負荷快速地做重複練習 8~10 下，NASM 指出，這樣的訓練可以盡可能地使用較多的肌肉纖維，接著立即進行爆發力的練習可以提高肌肉纖維的收縮速度和效率。以練胸為例，就是進行臥推後接著練習胸前傳藥球的動作。第五階段的內容可以依照學員的體能狀態選擇合適的內容，讓訓練具有挑戰性、有趣和創新。

以上是 NAMS 的 OPT 最佳表現系統化訓練方式，而 NASM 的整合式體能訓練觀念還包括了用系統化方式訓練柔軟度、心肺有氧能力、核心、平衡、和阻力訓練，讓每個項目有系統化訓練的方式可以依循，NASM 的 OPT 訓練方式被廣泛地應用在運動員身上，並且頂級運動員已經使用這套方式訓練了 20 多年。

❹國際體育科學協會（International Sports Sciences Association，簡稱 ISSA）的整合式體適能訓練觀念，包括了八個面向，第一個面向是重阻力訓練，第二個面向是輕阻力訓練，第三是心理技巧，第四是各式療法，第五是醫療支援，第六是生物力學的技巧訓練，第七是飲食控制，第八是營養補充。

提供以上國際認證協會資料，目的是要和大家說明，重量訓練是整合式體能訓練的其中一個項目，並不是唯一的項目，身為教練除了要熟悉和善於指導重量訓練之外，對其他項目也應該有教學能力，這樣才能全面地幫助到學員。

思考

在教學指導體適能運動課程時，可以全方位的整合式幫助學員整體提升是最好的，綜合以上學會和協會的整合式內容，大家認為整合式體適能內容應該要包含哪些項目呢？系統化進程又應該怎麼安排呢？歡迎大家深入思考，廣泛討論。

參考資料：

• NASM Essentials of Personal Fitness Training, Seventh Edition.
• ACSM's Resources for Personal Trainer, Sixth Edition.
• Fitness: The Complete Guide. Frederick C. Hatfield PhD. Ninth Edition.
• https://www.acefitness.org/
• https://www.nasm.org/
• https://www.issaonline.com/

1.9

重量訓練／阻力訓練連續體進程

徵召 → 穩定度 → 肌耐力 → 肌肉發展

　　如上一節所提到的，NASM 的 OPT 最佳運動表現模組的阻力訓練會分為五階，ACE IFT 的整合式體適能訓練模組會分為四階。以我多年的教學經驗建議重量訓練／阻力訓練最少分為三階，最多分為七階。為什麼會有這樣的分階上的差異呢？主要是因為不同族群會有不同考量，以體適能的角度切入思考，體適能可以分為健康體適能和競技體適能：

健康體適能主要元素包括：

● 心肺有氧適能（Cardivacular Fitness）

● 肌力適能（Muscular Fitness）

● 柔軟度適能；關節可動範圍（Flexibility; Ronge of Motion）

● 身體組成（Body Composition）

● 技術適能（Skill）

以上是一般民眾的健康體適能訓練考量，也是主要訓練的項目。

競技體適能主要元素包括：

● 協調性（Coordination）

● 反應（Reaction Time）

● 平衡（Balance）

● 速度（Speed）

● 爆發力（Power）

● 敏捷性（Agility）

以上是運動員在競技時會考量的要素，也是運動員在訓練時要提升的能力。

目前，針對個人體適能的見解和看法與訓練法眾說紛紜，主要就是源自於族群定義的根本差異造成的，有些專家和學者認為**一般民眾只要訓練健康體適能就好**，可是又有些專家和學者說**每個人都是運動員**，甚至還有些專家學者認為做重量訓練就是要做大的重量才是對的。身為民眾的大家到底該怎麼選擇？

「回歸到個人的生活需求和健身目標，並且依照個人先天和後天狀態選擇合適發展的項目。」

這是我經過深思熟慮後的答案！

如果一個人想要參加健美，那就往肌肉發展的方向練習。

如果一個人想要預防跌倒，那就必須要練習平衡、協調、反應、敏捷和爆發力。

如果一個人想要利用重量訓練／阻力訓練保養關節，那就以訓練肌肉耐力和肌肉量的方式保護肌肉。

因為每個人的目標不同，所以會發展的進程也會有些不同。

以早期的重量訓練分階為例，主要分三階：穩、準、重。在訓練時先要求動作穩定，接著要確認準確度，確認肌肉參與動作，再來就是要加重，而且是要做到力竭（Fatigue），這是早期的傳統方法，到現在都還有很多人是這樣訓練的！

　　如果是根據美國國家運動醫學學會（NASM）的 OPT 進程建議的話，一開始要先練穩定度，再來練習肌肉耐力，第三階是肌肉發展，第四階是最大肌力，第五階是爆發力，第六階是最大爆發力。會有這麼廣泛的進程，我認為是因為 NASM 將競技體適能的訓練元素和要件也放進去訓練模組之中，可是以現場教學來說，有多少人敢嘗試最大肌力的重量，也就是重量重到最多只能做 1~5 下，胸推，以男性來說，平均是 90 公斤，女性是 38 公斤[1]？以實際教學經驗來說，一般民眾女性大概練到 20 公斤，反覆次數 10 下之後就會開始害怕，也會卻步，表達不想要再繼續加重練習，所以相對來說，重量訓練／阻力訓練進行常常會停留在肌肉發展階段，因為無論男女老少都會想要雕塑曲線和增肌減脂，而這樣的效果只要做到肌肉發展階段即可。

　　那麼爆發力的訓練是必要的嗎？以民眾的生活需求和健身目標為主要考量的話，爆發力的訓練還是必要的，特別是針對下肢的爆發力，因為我們生活中有很多需要快速站起的動作，像是在搭捷運的時候，如果不小心睡著了，醒來發現已經到站了，這時候就很需要爆發力，快速從椅子上起身，然後完成快速跑出車廂的動作，如果平常沒有訓練爆發力的話，就有可能要坐過站了。以預防跌倒的目標來說，在快要跌倒的時候，身體需要快速反應恢復平衡，利用爆發力重新站穩的動作，需要綜合的能力，所以一般民眾也需要爆發力的訓練。不過，一般民眾版的爆發力和運動員競技版的爆發力訓練會不太一樣，一般民眾的爆發力訓練用身體重量或是很輕的重量練習就可以，可是運動員的爆發力是要使用比較重的重量進行最快速的練習，只是原理是相同的。

1　https://strengthlevel.com/strength-standards/chest-press/lb

重要觀念

重量訓練／阻力訓練進程應該從「啟動」開始，為什麼不是從 NASM OPT 和 ACE IFT 建議的第一階穩定度開始呢？我們只要想一下現代人的身體狀態，就會知道為什麼了！

現代民眾因為久坐，常常苦於上、下交叉症候群，肌肉早就發展不平衡，加上過度依賴手機，常常是胸大肌、三角肌前側、二頭肌緊而無力，上背部肌群、三角肌、肱三頭後束變得被拉長而無力，核心部位則是下背部肌群變得緊而無力，腹部肌群變得被拉長而無力，當關節周邊的肌肉已經不平衡的時候，神經肌肉的效率將下降，本體感覺也會改變，在肌肉發展不平衡的狀態中，進行穩定度訓練也常常是代償到其他肌肉或是過度承受重量在關節上，這樣的訓練進程很沒有效率。因為我有研究和考取三張矯正運動運動證照，包括了 NASM 的矯正運動專家證照、**Dr. Ovan Osar** 老師的整合式矯正運動專家證與 Justin Price 老師研發的生物力學矯正運動專家證照，再加上我現場教學十多年的經驗，我認為重量訓練／阻力訓練**第一階應該是「啟動」**，必須要確定這個動作是以目標主要訓練的肌肉進行和完成動作的。那麼動作有可能不主要以目標主動肌進行卻還是可以完成動作嗎？答案是可以的！也就是所謂的用代償的方式完成動作。比如說，當一個初學者做拉的動作時，因為對於背部肌群不熟悉，所以會很自然地以手臂前側二頭肌進行和完成動作，可是正確在做拉的動作時，目標主要訓練的肌群包括背闊肌，因為初學者不熟悉背闊肌的肌肉位置，所以一開始訓練的時候，無法有效率地讓背闊肌參與動作，因此身為教練如果判斷出這樣的情況時，應該協助同學了解肌肉的位置，也可以在獲得學生允許後，以手刀輕點在學員背部，引導學員肌肉收縮的方向，有助於學員徵召背闊肌，進行每一下的練習和完成訓練。

所以重量訓練／阻力訓練的**第一階段**應該是「徵召」。

第二階段穩定度訓練，我完全認同 NASM OPT 和 ACE IFT 的分階方式，先訓練穩定度，建立功能型動作，所以在第二階段，教練可以先選擇核心的動作訓練核心穩定度，並且選擇日常生活功能性動作，像是蹲站、弓箭步、推、拉、扭轉。在穩定度的訓練時，記得要確認學員可以在離心階段控制肌肉收縮，所以通常在此訓練階段會以相對慢的速度進行訓練。NASM 建議離心 4 秒，等長收縮 2 秒，向心收縮 1 秒的節奏，不過若有些學員覺得這樣的節奏太慢，也可以選擇以 2~3 秒離心和等長收縮的方式進行，視情況而定。

第三階段肌肉耐力訓練，所謂的肌肉耐力是指，在一段時間內肌肉沒有休息，可以反覆進行的次數或是可以保持等長收縮停留的時間。肌肉耐力的訓練是穩定期和肌肉發展期中間的橋樑，只要可以通過肌肉耐力訓練的檢驗，學員就可以進階到**肌肉發展期**，因為大部分學員都是想要雕塑身形，增肌減脂，所以很多學員都是衝著肌肉發展而加入私人教練的課程。

從第一階段的啟動，確定學員可以正確徵召主動肌參與動作，再來第二階段學員可以穩定的方式，也就是以正常的關節排列方式進行，在練習時身體不會晃動也不會有不穩定的狀態，可以以正確的可動範圍、方向、軌道、節奏進行練習。

在肌肉耐力訓練階段，學員除了可以正確徵召目標肌群進行動作之外，還能夠以穩定的方式進行。在此階段會觀察學員在加重之後做反覆動作或是等長收縮的**動作品質**：在反覆動作時**可動範圍、方向、軌道、節奏**都能有所掌握和控制，在等長收縮停留時，能夠維持正確動作及**動作品質**，當確認可以順利達成目標，就可以進入第四階段。

第四階段肌肉發展，肌肉發展也就是肌肥大（Hypertrophy），透過訓

練提升肌肉尺寸，讓肌肉纖維的橫斷面增加。在肌肉發展階段，因為練習重量較重，相對身體能力、強度到達一定閾值，運動過程中，氧氣來不及參與代謝而造成乳酸堆積，因而身體會出現很痠的感覺，且這種感覺會持續到練習結束，民眾回家之後的 48~72 小時之內也會有遲發肌肉痠痛，許多人十分期待這種痠痛，因為現場和延遲的肌肉痠痛，會令練習者感覺「有練到」！

在第四階段，為了要促進肌肉發展，根據科學研究，肌肉發展（肌肥大）有三大要素：**機械張力、代謝壓力、肌肉損傷**。

機械張力的變項為承受重量多重和承受張力多久（Time Under Tension），所以重量的選擇就很重要，並不是越重越好。根據研究，選擇**最多可以進行反覆 6~12 下的重量（65~85% 1RM），進行多組訓練，中間休息不超過 1 分鐘**，促進肌肥大效果最佳。**承受張力的時間**需要包括離心收縮階段，對於肌肉發展更有效。超負荷的訓練強度會造成乳酸，也會造成**微型肌肉損傷**（只是微型的），多組的反覆超負荷重量訓練 / 阻力訓練會促進睪固酮和生長激素分泌，訓練完之後，肌肉將經歷發炎反應，發炎反應是為了進行修復和肌肉發展，人體因為要維持恆定，所以會以超補償的方式適應訓練，在修復時，透過充足睡眠（男性大約 8~9 小時，女性大約 7~8 小時），加上適當和均衡的營養補充，就可以安全、有效地達成肌肉發展的目標。

肌肉發展階段，訓練的適應性好處，不只是肌肉發展而已，**肌肉尺寸**增加後，當然肌力也會提升，有助（如有需要的話）日後最大肌力的發展，促成後燃反應（24~48 小時），還可以提升基礎代謝率，打造易瘦體質。

根據 NASM OPT、ISSA 或國際認證運動協會的運動表現訓練考量，還會有更進階的最大肌力、爆發力階段。

提醒大家，記得重量訓練 / 阻力訓練進程：

第一階段徵召，要先徵召對的肌群進行正確的動作。

第二階段穩定，要以穩定、控制的方式進行正確的可動範圍、方向、軌道和節奏的練習。

第三階段肌耐力，在加重之後，還能夠以正確的可動範圍、方向、軌道、和節奏進行反覆動作，維持動作品質。

第四階段肌肉發展，不但可以正確徵召對的肌群進行練習，也能夠以穩定和控制的方式練習，並且可以維持動作品質，以正確的可動範圍、方向、軌道、節奏進行練習，即使是加重到最多只能做 6~12 下的時候，還是可以維持動作品質，就是進入肌肉發展期練習中。

這樣的訓練進程練習起來就會安全、有效、有效率，事半功倍！

如果沒有按照進程練習會發生什麼事？

如果沒有按照進程練習，練習者沒有正確徵召肌群就加重練肌肉發展的話，會以**代償**的方式練習，輕則感覺不到想要練習部位的痠感，重則因為代償而造成長期肌肉不平衡，有導致**累積損傷**的風險。

如果練習者練完穩定期，就直接進入 6~12 下的肌肉發展期練習會怎麼樣？練習者原本應該要經過肌肉耐力期的訓練，通過在逐漸加重的情況下還可以維持動作品質進行練習的驗證，如果跳過這個期間，會浪費自己的時間，因為肌群可能沒有辦法適應忽然太重的重量，所以動作的可動範圍會忽然變得過大，動作方向可能會不一致，兩邊一起練習的時候，變得一上一下，動作歪七扭八，動作的節奏可能會忽快忽慢，因為快要沒力了就會想要加快，因為以上種種的不穩定、無法控制和缺乏動作品質的練習，輕則練錯部位，重則造成**肌肉拉傷**，或是累積成**關節損傷**，都是練習者不

會想要的結果。

　　訓練就是要事半功倍，這就是學員找教練的原因，如果找了教練，訓練還是在繞路走，那到底找教練要幹麼？

　　所以，身為合格、專業的教練應該要幫助學員了解正確的訓練進程，並且以正確的進程帶學員訓練，才能幫助學員快速達成健身目標。

參考資料：

- NASM Essentials of Personal Fitness Training, Seventh Edition.
- https://www.nsca.com/contentassets/d27e2ba7e56949229d3eb1aaef7ddcfa/trainertips_hypertrophy_201601.pdf
- Schoenfeld B. J.（2010）. The mechanisms of muscle hypertrophy and their application to resistance training. Journal of strength and conditioning research, 24（10）, 2857–2872. https://doi.org/10.1519/JSC.0b013e3181e840f3
- Schoenfeld, Brad J. The Mechanisms of Muscle Hypertrophy and Their Application to Resistance Training. Journal of Strength and Conditioning Research 24（10）:p 2857-2872, October 2010. | DOI: 10.1519/JSC.0b013e3181e840f3
- Vasconcelos ES. Inflammatory response induced by resistance exercise. MOJ Immunol. 2018;6（4）:110-113. DOI: 10.15406/moji.2018.06.00204

MEMO

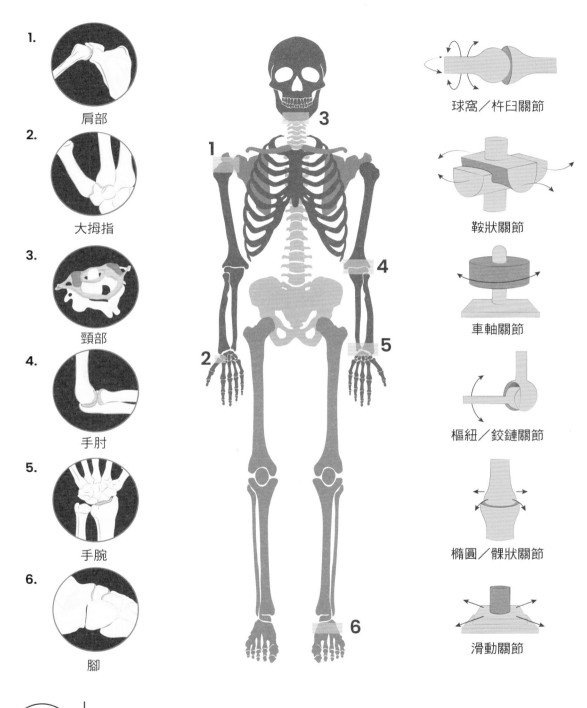

1. 肩部

2. 大拇指

3. 頸部

4. 手肘

5. 手腕

6. 腳

球窩／杵臼關節

鞍狀關節

車軸關節

樞紐／鉸鏈關節

橢圓／髁狀關節

滑動關節

練習 可以兩兩一組，活動自己的關節，並説出夥伴所活動的關節類別。

3 肌肉系統

- 肌肉類型
- 骨骼肌
- 肌纖維類型
- 肌肉結構
- 肌纖維結構

- 肌原纖維結構
- 肌肉收縮機制
- 肌肉功能
- 神經和肌肉

人體約有 600 條肌肉，可分為不受意識控制的不隨意肌，以及可受意識控制的隨意肌。

❶ 肌肉類型

肌肉分為**心肌、平滑肌、骨骼肌**。

心肌是一種**不隨意橫紋肌**，心壁的肌肉屬之。

平滑肌也是**不隨意肌**，包括血管壁、膀胱、尿道、豎毛肌、眼睛內的肌肉、支氣管、胃腸道、食道。

骨骼肌是**隨意肌**，它也是一種橫紋肌，是唯一可受意識控制的肌肉，從字面上可理解它是指附著在骨骼上的肌肉，身體大部分的肌肉都是骨骼肌。

以重量訓練 / 阻力訓練來說，教練們主要是協助民眾訓練骨骼肌，在訓練過程中會刺激心肌，因為強度的關係，所以造成心跳加速，特定反覆的動作也會刺激腸胃蠕動。

❷ 骨骼肌

前側觀

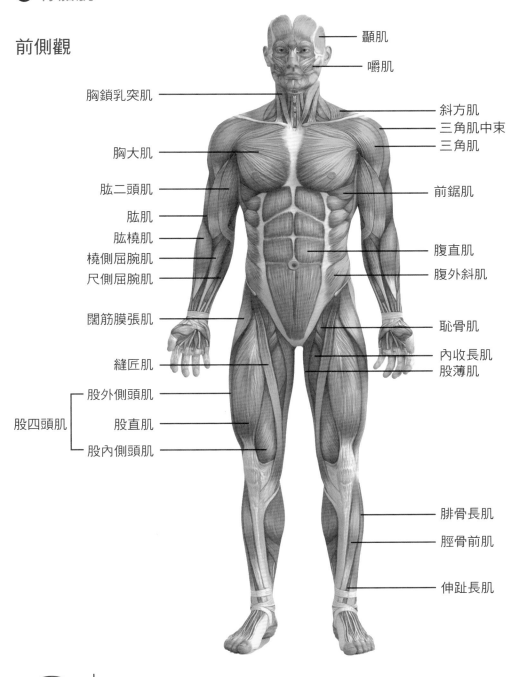

顳肌
嚼肌
胸鎖乳突肌
斜方肌
三角肌中束
三角肌
胸大肌
肱二頭肌
前鋸肌
肱肌
肱橈肌
橈側屈腕肌
尺側屈腕肌
腹直肌
腹外斜肌
闊筋膜張肌
恥骨肌
縫匠肌
內收長肌
股薄肌
股外側頭肌
股四頭肌　股直肌
股內側頭肌
腓骨長肌
脛骨前肌
伸趾長肌

練習 ｜ 可以兩兩一組，說出夥伴所指的肌肉名稱。

後側觀

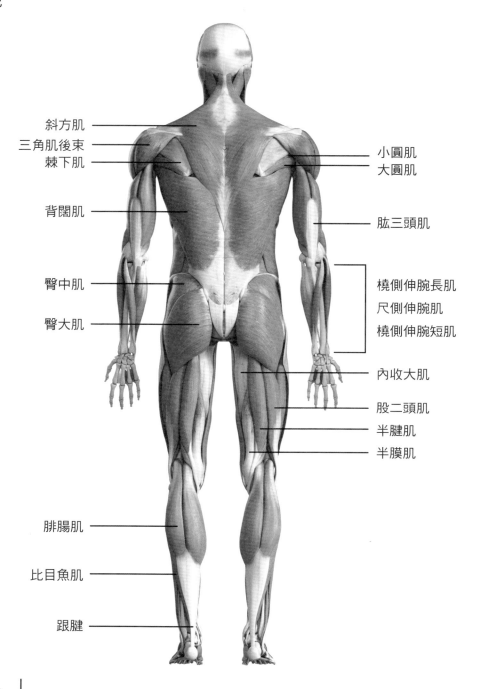

斜方肌
三角肌後束
棘下肌
背闊肌
臀中肌
臀大肌
腓腸肌
比目魚肌
跟腱

小圓肌
大圓肌
肱三頭肌
橈側伸腕長肌
尺側伸腕肌
橈側伸腕短肌
內收大肌
股二頭肌
半腱肌
半膜肌

練習 | 可以兩兩一組，說出夥伴所指的肌肉名稱。

側面觀

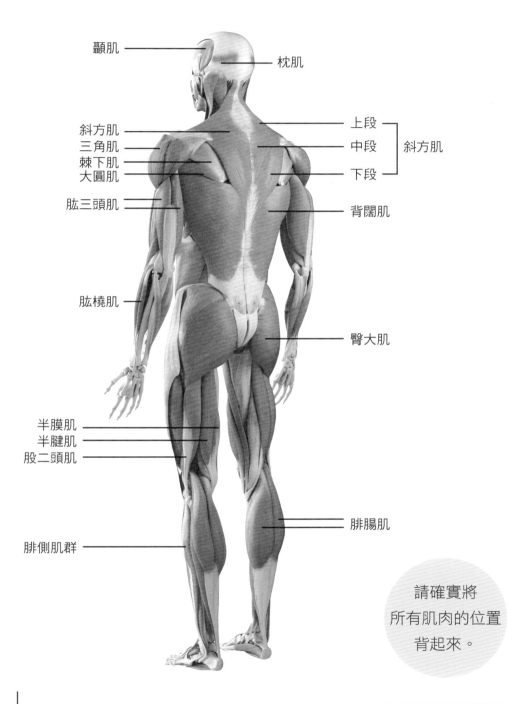

顳肌 —— 枕肌

斜方肌 ——
三角肌 ——
棘下肌 ——
大圓肌 ——

肱三頭肌 ——

肱橈肌 ——

半膜肌 ——
半腱肌 ——
股二頭肌 ——

腓側肌群 ——

—— 上段
—— 中段   斜方肌
—— 下段

—— 背闊肌

—— 臀大肌

—— 腓腸肌

請確實將
所有肌肉的位置
背起來。

練習 | 可以兩兩一組，說出夥伴所指的肌肉名稱。

❸ 肌纖維類型

肌纖維類型可以根據顏色分為紅肌和白肌。

- **紅肌**：又稱為慢縮肌纖維或 Type I Fiber，有較高密度的粒線體和肌紅蛋白，血液的供給量也比快縮肌纖維多，所以，有氧代謝能力和生產 ATP 能力都比較強，也比較不容易疲勞。利於進行低強度活動及長時間的耐力運動，例如馬拉松長跑。

- **白肌**：又稱為快縮肌纖維或 Type II Fiber，可以儲備較多的磷酸肌酸和糖原，有利於高強度需要爆發力的運動，像是百米快跑和垂直跳躍。

舉例來說，在長跑選手身上會發現腿部肌肉有比較多的慢縮肌，而在短跑選手身上會發現腿部肌肉有比較多快縮肌。普遍來說，女性天生肌肉纖維中會有比較多慢縮肌，男性則是有比較多的快縮肌，所以女性在從事耐力活動時比較不會覺得累，可是在從事爆發力活動時，女性平均的運動表現會相對比男性弱。

❹ 肌肉結構

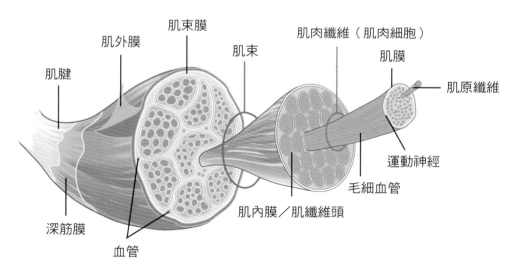

▲ 肌肉透過肌腱連結在骨骼上，肌肉外有一層肌外膜，肌束膜包覆肌束，肌束內有肌纖維，肌纖維內有數以千計的肌細胞，具有收縮功能。

❺ 肌纖維結構

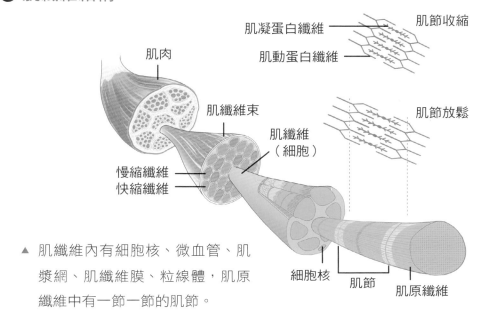

肌凝蛋白纖維 —— 肌節收縮

肌動蛋白纖維 ——

肌肉

肌纖維束

肌纖維
（細胞）

肌節放鬆

慢縮纖維
快縮纖維

細胞核　肌節　肌原纖維

▲ 肌纖維內有細胞核、微血管、肌
　漿網、肌纖維膜、粒線體，肌原
　纖維中有一節一節的肌節。

❻ 肌原纖維結構

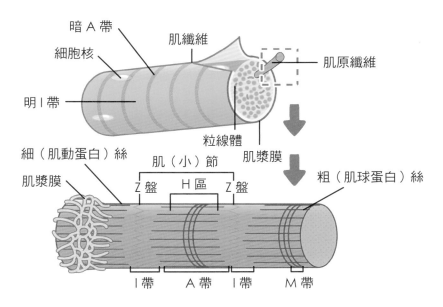

暗 A 帶

肌纖維

細胞核

肌原纖維

明 I 帶

粒線體

肌漿膜

細（肌動蛋白）絲

肌（小）節

粗（肌球蛋白）絲

肌漿膜

Z 盤　H 區　Z 盤

I 帶　A 帶　I 帶　M 帶

▲ 肌原纖維被包在肌漿網和 T 小管的網絡結構中，肌原纖維可分為 I 帶和 A 帶，I 帶的中
　間為 Z 線，Z 線和 Z 線間稱為肌節（sacromere），就是肌肉收縮的基本單位。

❼ 肌肉收縮機制

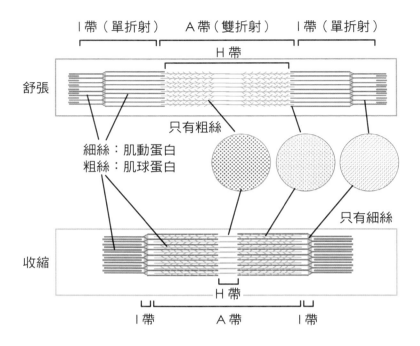

I 帶（單折射）　A 帶（雙折射）　I 帶（單折射）

H 帶

舒張

只有粗絲

細絲：肌動蛋白
粗絲：肌球蛋白

只有細絲

收縮

H 帶

I 帶　　A 帶　　I 帶

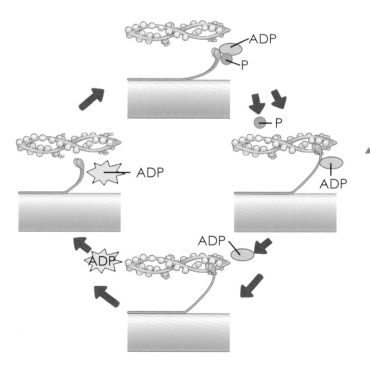

▲ 肌絲滑動理論（Sliding Filament Theory）：肌肉收縮是因為肌動蛋白往肌節中央滑行而縮短肌肉，也就是所謂的向心收縮，而離心收縮就是肌動蛋白以控制的方式向外滑動，稱為離心收縮，所以向心和離心的「心」指的肌節的中心點。這就是肌肉收縮的機制。

❽ 肌肉功能

肌肉有九大功能：

- **生存，進行人體循環代謝**：心肌收縮送出血液到全身，當血液流到下肢時，小腿肌群收縮有助於血液通過靜脈回流到心肺進行大小循環。
- **呼吸**：呼吸是靠胸廓週邊肌群收縮和放鬆，進行有效率的呼吸。
- **消化**：消化道中平滑肌蠕動，推動食物通過消化道，進行消化和吸收。
- **維持體溫**：肌肉收縮時會產生熱能，在很冷的時候，肌肉會無意識顫抖產生熱能，維持人體正常體溫。
- **維持姿勢**：肌肉有一定的張力，骨骼肌有個很重要的功能就是維持姿勢。
- **儲存能量**：全身肌肉也是人體儲存能量的地方，包括肌糖原、磷酸肌酸和三磷酸腺苷都儲存在肌肉中，在需要活動或運動時，分解釋放出能量供給肌肉收縮。
- **保護內臟**：像是腹部肌群可以保護內臟。
- **保護骨骼和關節**：充足的肌肉量和肌耐力有利於保護骨頭和關節。
- **運動**：透過意識控制收縮肌肉，可以使骨頭在關節上滾動，而**產生動作**。

❾ 神經和肌肉

肌纖維受到運動神經元支配，每一條運動神經元和所支配的肌纖維稱為一個運動單位。

運動神經元支配的肌纖維和精確度與協調性有關，越精細的工作，每個運動單位可能只有 10 至 100 條的肌纖維，像是手部和眼部的動作，運動神經元可以支配的肌纖維就較少，可是如果像是背部或大腿這些大肌群的

話，因為相對較不精細的關係，所以每個神經元可以支配數百到上千的肌纖維。需要注意的是，透過運動和訓練，每個運動神經元可以支配的肌纖維數量可以增加，這也是初學者在初始階段時，因為神經適應而力量提升的主要原因。

● 肌肉如何收縮？

當運動神經元接收到大腦的訊號，會產生動作電位，沿著運動神經元軸突傳導到神經末梢時，引發鈣離子進入神經末梢，刺激神經末梢釋放乙醯膽鹼，當乙醯膽鹼通過突觸間隙時，會刺激肌肉纖維產生電流，在肌肉上傳遞而造成肌肉收縮。

● 全有或全無定律

當神經元和肌肉纖維受到刺激的強度到達或是超過一定閾值時，就會產生肌肉收縮，但是如果刺激低於閾值也就是刺激不足的話，神經元和肌肉則不會收縮。這邊所講的全有和全無的定律是指神經元和肌纖維完全收縮或完全不收縮，可是並不是指肌肉或肌群，肌肉是有可以處於部分收縮和部分放鬆的狀態，希望大家能理解它們之間的區別。

資料來源：

- NASM Essentials of Personal Fitness Training, Seventh Edition.
- Fitness: The Complete Guide. Frederick C. Hatfield PhD. Ninth Edition.
- 香港體育教學網 http://www.hkpe.net/

4 神經系統

身為教練需要理解，當動作產生的時候，是神經系統和骨骼肌肉系統共同產生的，所以我們在選擇動作和指導重量訓練／阻力訓練時，不能只考量肌肉怎麼參與而已，應該也要將神經適應性、骨頭的強度和硬度、關節健康狀態與結締組織的黏彈性和抗壓力考量進去。

→ 中樞神經系統 Central Nervous System
- 大腦、脊髓

→ 周圍神經系統 Peripheral Nervous System
- 感覺神經
- 運動神經
  ○ 體神經系統
  ○ 自主神經系統
    ■ 交感神經系統
    ■ 副交感神經系統

● 神經元

也就是神經細胞，負責傳遞從細胞受體接收到的訊息。神經元包括細胞本體、軸突、樹突。目前已知，光是大腦中的神經元就約有 860 億個。

神經元分為：感覺神經元、運動神經元、聯合神經元。

● 中樞神經系統（Central Nervous System）

腦分為大腦、小腦和腦幹。大腦是意識中樞，分為左半球和右半球。左半球負責控制右半身，右半球控制左半身，所以如果右半球受傷的話，可能導致左半身無法活動。

● 周邊神經系統（Peripheral Nervous System）

包括周邊接受器、肌肉、腺體，其中包括 12 對腦神經和 31 對脊神經。

周邊神經系統分為：

- 感覺神經，也就是輸入神經系統。可感知壓力、熱、疼痛、聲音、味道、溫度。

- 運動神經，也就是輸出神經系統。輸出神經系統再分為：

  ○ 體神經系統：像是收縮骨骼肌產生動作。

  ○ 自主神經系統：不受意志控制，像是平滑肌和心肌。

    交感神經興奮時，會使心跳加速，氣管擴張，消化蠕動下降，分泌腎上腺素，刺激糖解作用、糖質新生、促進脂肪分解。

    副交感神經作用時，會使心跳變和緩，血壓降低，支氣管收縮，消化蠕動增加，促進大小便排泄，促進肝糖原生成，協助生殖活動。

    交感和副交感神經互相制衡作用，維持身體恆定和正常運作，但是如果長期處於壓力的情況，有可能會導致交感神經過度興奮，而造成自律神經失調。

練習

現在試想一個情境，當學員上課時，看到教練示範蹲和跳起的動作（視覺訊號），同時教練一邊在講解動作（聽覺接收），並且和學員說應該注意的預備位置、動作方式、運動傷害預防要點以及如何優化訓練，示範和講解完之後，學員開始進行動作，請試著以學員的神經系統角度練習敘述學員是如何接受訊息和開始練習動作的，自主神經系統又是如何作用的呢？

● 本體感覺

　　根據經驗和累積的記憶，透過身體的感覺接受器，感知、覺察、協調、進行相對身體的靜態姿勢維持能力或動態的運動能力。

　　舉例來說，在健身房地板上運動和在草地上面運動的感覺是不一樣的，運動表現也會不一樣。如果以專項訓練原則來說，足球員若要訓練敏捷度，應該在草地上進行才適合。

● 力學感受器

　　人體的皮膚、內耳、毛髮細胞、肌肉、肌腱、關節囊中都有力學感受器。

　　根據美國國家運動醫學學會私人教練認證指南的定義：「力學感受器是在組織內對機械壓力做出反應，並且通過感覺神經傳輸信號的特殊結構。力學感受器能夠對外在壓力，例如觸摸、壓力、拉伸、聲波和動作做出反應，並且透過感覺神經傳輸神經衝動，這反過來又使我們能夠察覺觸摸、聲音和身體動作。同時，力學感受器也負責監控肌肉、骨骼、關節的位置，也就是本體感受。力學感受器也位於肌肉、肌腱、韌帶和關節囊中，包括了肌梭、高爾基腱器和關節感受器。」

● 前庭系統

　　根據 MedicineNet 的資料：前庭系統是負責人體平衡和判斷相對空間的感覺系統，是人體平衡和運動能力的關鍵之一。

● 肌梭（Muscle Spindle）

　　肌梭位於骨骼肌中，其功能是偵測肌肉長度變化，粗估人體大約有50,000 個肌梭，這些牽張感受器，透過傳入神經纖維將肌肉長度和速度變化訊息傳遞到中樞神經，利用這些訊息，中樞神經協調我們身體在空間中的位置和運動，形成本體感覺。

當肌梭偵測到異常、快速長度變化時，此訊息可以只經過伽馬迴路（Gamma loop）就迅速收縮肌肉以維持姿勢。舉例來說，當一個人打瞌睡，忽然睡著時快速地低頭時，這時候脖子肌肉的肌梭感受到肌肉異常快速地被拉長，此訊息透過感覺神經傳遞到脊髓，中樞神經會自動傳遞訊號給運動神經元收縮被快速拉長的肌肉，將頭拉回來，所以在我們不小心打瞌睡，快速地低頭後，頭也會自動被拉回來，甚至自己會被這拉回來的動作嚇了一跳。

應用在伸展上，這也是為什麼若要提升伸展效益，要用停留的方式，而不是用彈震的方式進行的原因。因為快速、反覆拉長肌肉的話，肌梭反而會對抗伸展的動作，甚至會提升拉傷的風險。

應用在肌力訓練的話，對於初學者應該避免快速的離心收縮，因為控制不當的離心收縮，會讓肌梭透過伽馬循環傳遞肌肉收縮訊息，進而提高拉傷的風險。可是對於進階者和運動員而言，反而會利用此牽張反射（stretch reflex），進行增強式訓練，透過牽張縮短循環（Stretch-shortening cycle, SSC）提升爆發力。

● 高爾基腱器（Golgi Tendon Organ）

高爾基腱器也稱為腱梭或腱器，人體中大約 10 到 20 根肌纖維連接到一條腱梭。高爾基腱器和肌梭一樣是本體感受器，位於骨骼肌和肌腱之間，也對肌肉長度和速度變化敏感。和肌梭相反的是，當高爾基腱器感受到一小段時間肌肉長度被拉長時，反而會產生放鬆肌肉的作用，這作用也稱之為逆牽張反射，這可以說是身體的一種保護機制，為的是避免因為對抗張力過大而產生組織損傷。以科學統計來說，當低力伸展持續超過 7 秒時，肌肉被拉長的張力會啟動腱梭，接著會暫時抑制肌梭的活動，進而造成肌肉放鬆的作用。以現場實務來說，如果要啟動腱梭的話，伸展者本人也要

有意識放鬆，才會產生肌肉放鬆的效果。

　　身為教練要留意的是，肌梭反應的速度先行於腱梭，但是當腱梭反應時肌梭就無法產生作用，所以當一個人訓練完在伸展時，一開始常會出現肌肉些許發抖的情況，那可以解釋為肌梭的反應，甚至在一開始伸展的時候，有可能會越伸展越緊，不過這個時候如果引導學員深呼吸和有意識地放鬆，然後輕輕地維持伸展姿勢，有望在 7 秒之後獲得立即、可見的伸展效果，那就是肌肉長度的恢復，也就是柔軟度的提升。

　　本體感覺神經肌肉促進術（Proprioceptive Neuromuscular Facilitation, PNF）也是一種利用啟動腱梭反應的伸展方式，有興趣的學員歡迎繼續關注群甫教官，之後認證私人教練證照課程中，會有相關教學和解講。

● 關節感受器

　　根據牛津運動科學與醫學辭典和美國國家運動醫學學會的私人教練認證指南指出，關節感受器，例如魯菲尼小體（Ruffin's corpuscles）和帕西尼小體（Pacinian Corpuscles）位於滑膜關節囊，它們對壓力、加速、減速敏感，並且透過感覺產生反應，也會在異常壓力出現時，啟動反應抑制反應，預防損傷。

● 訓練適應與神經連續體考量

　　初學者在參與阻力訓練時，除了因為神經系統沒有經歷過重量訓練的壓力之外，也有可能因為平時關節沒有進行相對較大可動範圍的動作，所以一開始在練習重量訓練的反覆次數時會出現肌肉發抖的情況，這是正常的。這時為了建立初學者的信心和降低焦慮，可以先請初學者進行徒手的動作練習方向和訓練節奏，然後在學員對動作有所掌握時再開始加上重量即可。

　　當初學者經過神經適應後產生了進步，練習的重量就可以加重。很多初學者會在訓練幾堂課之後，發現經過反覆練習，進步速度比自己想像的快，這時學員往往會產生疑問：「我是不是練習幾次之後肌肉就變多了？」也有女性學員過度擔心自己會不會練得太壯。事實上，初學者在訓練初期進步的真正原因是神經適應的關係，也就是說，因為熟悉了動作，並且知道自己要徵召哪些肌群參與動作，而動員了更多肌纖維一起參與，並不是才練習了幾堂之後就會馬上長出肌肉，這是一個需要教練幫助同學們破解的錯誤迷思。持續訓練下去，會慢慢出現高原期，此部分會在訓練法章節和大家講解。

腦力激盪

　　思考一下，嘗試解釋為什麼身為教練在教學重量訓練／阻力訓練的時候要示範、說明、再示範，示範的用意是什麼呢？如果示範時搭配說明，同學會比較好理解嗎？

參考資料：

- https://www.physio-pedia.com/Golgi_Tendon_Organ
- https://www.oxfordreference.com/display/10.1093/oi/authority.20110803100023657

基礎肌動學

肌動學定義

肌動學（Kinesiology）是研究人體運動的科學。

「肌動學（Kinesiology），更廣義來說，對人體運動和其組成部分的動態關係研究，其組成部分包括：解剖學、生理學、生物化學、生物力學、神經運動、心理和與環境相互作用的科學研究。」（定義來源：https://www.cka.ca/en/what-is-kinesiology）

重量訓練／阻力訓練是利用重量對身體、肌肉、骨骼施加壓力造成刺激，目的是讓身體適應進而提升體能，所以身為教練，確實了解身體的神經系統、關節構造和肌肉起點和止點，都有助於去評估、設計、篩選、執行、檢查合適的訓練動作。本書的肌動學篇幅主要涵蓋解剖學和生物力學，為的是讓教練們更有效率設計和提供安全、有效率的訓練動作，在訓練過程中，也透過肌動學和生物力學考量，有科學根據地避免運動傷害。

動作平面

三大運動平面：

● **矢狀面（Sagittal Plane）**
將身體分為左、右兩邊，在矢狀面上進行的動作包括：屈曲、伸展等。
「矢」是箭的意思，想像一下，拉弓射箭的時候，要向前射箭，就比較好記憶。

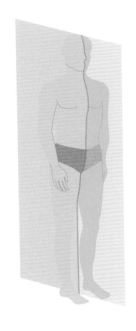

● **額狀面**（Frontal Plane）

將身體分為前、後兩邊，在額狀面進行的動作包括：外展、內收、內翻、外翻等。

「額」是額頭的額，想像一下，額狀面動作都和額頭平行，就會比較好記憶和了解。

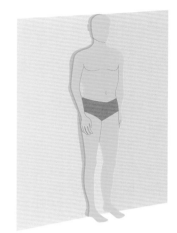

● **水平面**（Transverse Plane）

將身體分為上、下兩邊，在水平面上進行的動作包括：旋轉、內轉、外轉等。

「水平」面，想像一下和水面平行的那一個面，關節在水平面之上，在水平面上進行的動作，這樣就會比較好記憶了。

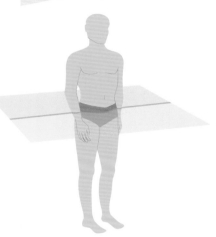

基礎動作

● **屈曲 Flexxion**：使兩骨骼互相靠近，關節角度變小的動作。例如：肘或膝屈曲。

● **伸展 Extension**：使兩骨骼互相遠離，關節角度變大的動作。例如：肘或膝伸展。

● **外展 Abduction**：將肢體遠離身體中心線的動作。例如：肩、髖外展。

● **內收 Adduction**：將肢體靠身體中心線的動作。例如：肩、髖內收。

● **旋轉 Roatation**：繞著軸進行旋轉動作。例如：頭部向左或向右轉。

● **外旋 External Rotation**：繞著軸進行遠離身體中心線的旋轉動作。

例如：肩、髖外旋。

- **內旋 Internal Rotation**：繞著軸進行靠近身體中心線的旋轉動作。例如：肩、髖內旋。
- **迴轉 Circumduction**：肢體在空間畫圈的動作。例如：肩或髖迴轉。
- **水平外展 Horizontal Abduction**：在水平面上，肢體遠離身體中心線，關節角度變大的動作。例如：肩、髖水平外展。
- **水平內收 Horizontal Addcution**：在水平面上，肢體靠近身體中心線，關節角度變小的動作。例如：肩、髖水平內收。
- **旋前 Pronation**：是指前手臂的尺橈關節旋轉，將手掌轉向下的動作。
- **旋後 Supination**：是指前手臂的尺橈關節旋轉，將手掌轉向上的動作。
- **背屈 Dorsiflexion**：足背區是指，踝關節在矢狀面上，將足背往上抬的動作。
- **蹠屈 Plantar Flexion**：蹠屈指的是，踝關節在矢狀面上，將足底往下踩的動作（壓腳背的動作）。
- **內翻 Inversion**：足部在額狀面的動作，腳跟向內為內翻。
- **外翻 Eversion**：足部在額狀面的動作，腳跟向外為外翻。

肌肉收縮類型

- **向心收縮**：肌肉往肌腹中心點收縮，肌肉縮短的力量克服了外部阻力，稱為向心收縮。舉例來說，二頭彎舉時，舉起啞鈴。
- **離心收縮**：肌肉遠離肌腹中心點，控制被拉長速度的收縮，產生力量小於外部阻力。例如：引體向上時，緩緩下降。
- **等長收縮**：肌肉長度不變的收縮，肌肉張力有增加可是沒有產生關節動作，例如：平板支撐。

- **等張收縮**：肌肉在張力不變的情況下進行肌肉長度變化的收縮，包括向心和離心收縮。像是：二頭肌舉起和控制地放下動作。
- **等速收縮**：肌肉以恆定的速度進行收縮，需要特殊專業等速訓練設備。例如：使用等速訓練設備進行膝關節屈曲和伸展動作，檢測前後肌群力量輸出狀態，預測是否容易發生運動傷害。

肌肉的角色

- **穩定肌**：維持等長收縮的肌群，以利主動肌進行動作。例如：硬舉時，核心肌群需要收緊穩定提供剛性，才可進行髖部的動作。
- **主動肌**：以該動作而言，主要收縮的肌群。
- **輔助肌**：幫助肌群完成動作的肌群。舉例來說，像是屈肘時的旋前圓肌。
- **拮抗肌**：以該動作而言，和主動肌進行相反動作的肌群。例如：肘屈曲的肱三頭肌。

參考資料：

- Essentials of Kinesiology for the Physical Therapist Assistant, Third Edition.
- Fitness: The Complete Guide. Frederick C. Hatfield PhD. Ninth Edition.

基礎生物力學

生物力學定義

生物力學（Biomechanics）可以定義為：以物理力學法研究對生物系統的運動或運動對生物系統作用的科學研究。

牛頓力學三定律

● 牛頓第一定律：慣性定律

靜者恆靜、動者恆動。

「靜止慣性」：靜止的物體會一直保持靜止，除非受到外力的作用。

舉例來說，當壺鈴放在地上的時候，除非有人去把它舉起來或是有外力作用在壺鈴上，否則壺鈴會一直保持在原地不動。

「運動慣性」：當物體以等速度向一方向運動時，會一直保持往同一方向等速度運動。

舉例來說，如果我們用壺鈴做 Swing，當我們用臀大肌的爆發力將壺鈴往前推動之後，會感受到壺鈴往前方和上方衝出去，那就是運動慣性。這樣的運動慣性也稱之為「動量」，動量是直量和速度的乘積，也就是 Momentum=Mass*Velocity，簡稱為 P=MV。

● 牛頓第二定律：運動定律

「當一物體受到外力作用時，此外力等於質量和加速度的乘積，也就是 Force=Mass*Acceleration，簡寫為 F=MA，其加速度和外力成正比，但是與質量成反比。」

也就是說，如果我們用 24 公斤的壺鈴練習 Swing 的動作時，當我們發力作用在壺鈴本身的力量越大，壺鈴盪的加速度就越快。如果我們改成用 16 公斤的壺鈴，並且還是用相同的力量的話，那麼壺鈴很有可能會盪得太快和太高，因為質量減少，所以加速度成反比增加。

相對來說，當我們在練習爆發力的時候，要考量主動肌作用在重量後所產生的加速度，是否會對拮抗肌產生潛在風險。舉投球為例，投手為了投出快速直球三振打者，用盡全力將球丟出，雖然棒球很小很輕，可是丟出去後手臂的重量依然有可能對棘下肌和小圓肌造成拉傷，因為肩外旋拮抗肌群沒有足夠的離心收縮能力完成丟球後的減速動作。

舉抓舉（Sntach）為例，如果訓練者在練習抓舉時，選擇重量錯誤，加上發力點不對，造成上舉時拋物線過大，導致接槓位置錯誤，反而造成動作風險大於效益，那是很危險的事情。

所以專業的教練在設計和提供訓練時，應該考量運動慣性、重量選擇、發力、動作速度、動作節奏，以有效預防運動傷害。

● 牛頓第三定律：作用與反作用定律

「當力作用在一物體上時，會產生加速度，在接觸到另一物體時會產生大小相同可是方向相反的反作用力。」

舉垂直跳高為例，當訓練者蹲下後往地板發力，用力往下推蹬的力作用在地板，而產生反作用力，訓練者才可以跳高。跳高之後，還要留意落地的關節排列，這樣才可以避免在落地的時候反作用力作用在關節上面，而正確的練習方式應該是要讓肌肉吸收反作用力。

增強式訓練就是透過反作用力來進行練習，舉「交互弓箭步蹲跳」為例，訓練者必須先確認自己關節排列是可以安全進行動作的，其次是跳之

前要先練習落地，必須確認落地時可以保持各關節排列安全，並且可以透過伸展收縮循環刺激肌梭讓主動肌可以快速參與動作。增強式訓練三個階段：離心收縮、轉換階段、向心收縮，很多時候在訓練下半身的增強式訓練時，在轉換階段當中，就是要利用地板的反作用力，讓反作用力刺激肌梭，然後讓主動肌爆發出更大更快速的力量。

身為專業合格的重量訓練教練，我們必須知道如何利用反作用力設計和選擇合適的訓練動作，並且要同時思考如何避免反作用力對關節造成損傷的風險。

槓桿原理

● 第一槓桿

就像是蹺蹺板，支點在中間，如果兩邊重量一樣，就可以維持平衡。人體的頭頸部就是第一槓桿，頸部後側肌群張力穩定頭部的重量。這樣的槓桿不利於發力，可是可以提供比較大的可動範圍。

● 第二槓桿

就像是手推車槓桿，支點在手推車的輪子上，而要對抗的重量在中間，施力的點則是靠近身體，人體的足踝關節就是第二槓桿。第二槓桿是省力槓桿，有利於產出力量，腳踝的結構讓小腿的肌群足以使人體跳躍，可想而知，第二槓桿有多省力。

● 第三槓桿

第三槓桿相對來說是較費力的槓桿，抗力臂比施力臂長，例如，二頭肌肌腱在靠近手肘的位置，可是重量是放在手上，所以抗力臂是手肘（支點）到手握啞鈴的距離，可是施力臂是二頭肌肌腱到手肘（支點）的距離，所以相對來說，二頭肌可以進行訓練的重量通常沒有辦法太重，就是因為

是第三槓桿的原因。

　　身為專業的教練，要學會將生物力學應用在訓練當中，這樣訓練的重量選擇和器材設定才會正確。

　　訓練肩外旋肌群時，手肘應該靠近身體還是應該遠離身體，用槓桿原理來解釋看看。

參考資料：

- Essentials of Kinesiology for the Physical Therapist Assistant, Third Edition.
- Fitness: The Complete Guide. Frederick C. Hatfield PhD. Ninth Edition.

基礎運動生理學

運動時，能量由 ATP 三磷酸腺苷提供，可是人體三磷酸腺苷存量有限，所以需要分解其他能量來源才可以繼續進行運動。

● ATP 三磷酸腺苷

三磷酸腺苷是所有人體動作的能量來源，三磷酸腺苷裂解成二磷酸腺苷產生能量，收縮肌肉。

因為 ATP 存量很少，所以很快就會消耗完。此時就會需要以下能量系統參與代謝和產生能量。

● ATP-CP 三磷酸腺苷 - 磷酸肌酸系統（無氧）

運動時，磷酸肌酸裂解，分解為磷酸根和肌酸，釋放出能量，磷酸根就可以重新和二磷酸腺苷合成 ATP 三磷酸腺苷，繼續讓身體運動。ATP-CP 是三種能量代謝系統中最簡單的能量代謝方式，可是因為磷酸肌酸存量也很有限，在最大強度運動時大約 10 秒內就會消耗完，通常最多也只能提供能量 60 秒，ATP-CP 系統主要負責衝刺快跑、跳高、跳遠、舉重等運動。

ATP-CP 是無氧系統，能量代謝過程不需要氧氣參與，是最快速的能量代謝方式。

● 無氧糖解系統 / 乳酸系統

人攝取碳水化合物之後，運動時，當 ATP-CP 存量消耗完時，身體必須要利用血糖中葡萄糖或是肌肉、肝臟中的糖原，將裂解的二磷酸腺苷再合成為三磷酸腺苷，作為肌肉收縮能量來源。糖原分解過程稱為糖解，糖解後會合成三磷酸腺苷，也會產生丙酮酸，如果運動的強度到達乳酸閾值時，氧氣會來不及參與，這時候就會產生乳酸，肌肉會因為乳酸而感覺疲

勞，整個過程就稱為無氧糖解反應。乳酸在運動完大約一個小時後就可以被利用或代謝完畢。

並不是所有運動都會產生乳酸，乳酸的產生代表強度到達一定閾值，以重量訓練／阻力訓練來說就代表重量夠重，重到練習時會產生乳酸，有一定的強度。所以乳酸的產生是和運動強度相關的。輕鬆的運動並不會產生乳酸，代表強度太低，也是訓練適應效果較低的預測要素之一。

● 有氧系統

能量代謝中的有氧系統顧名思義，是需要氧氣參與的能量代謝方式，在氧氣來得及參與的運動強度下，有氧系統將**糖原**、**脂肪**、**蛋白質**作為燃料透過克氏循環（Kreb Cycle）和電子傳遞鏈，產生大量的 ATP 三磷酸腺苷，由於**糖原**和**脂肪**在體內存量很多，所以透過有氧系統，人體可以運動長達好幾個小時的時間，光是糖原透過氧氣參與就可以供給人體運動約 1 至 2 小時，視強度而定，而脂肪更是可以提供更長的時間。比如說，像是馬拉松的賽跑就是保持氧氣參與的有氧運動，經過訓練的人，一跑可以跑好幾小時。有氧系統在代謝時會分解產出二氧化碳和水，所以有氧運動時需要大量吐氣，也會大量流汗。

有氧系統雖然代謝過程複雜，供給能量的速率較低，可是維持時間很長，也不會產生乳酸，是長時間耐力運動的主要能量代謝系統。

在有氧系統中，要注意的是，有氧系統一開始會代謝**糖原**和**脂肪**，可是如果在大腦偵測到糖原和脂肪存量下降到一定程度時，人體會自然開始分解肌肉作為運動時候的能量來源，這是在練習重量訓練的大家最怕的事情——就是所謂的「掉肌肉」！對於年長者來說，原本吃的就不夠多，加上脂肪也不多的身體組成，又不斷地練習有氧運動，像是爬山、超慢跑的話，反而會讓肌肉量持續下滑，而沒有辦法預防肌少症。請各位專業教練

務必要提醒民眾，想要維持肌肉量和增加肌肉量，應該要練習重量訓練／阻力訓練，千萬不可以只做有氧運動！

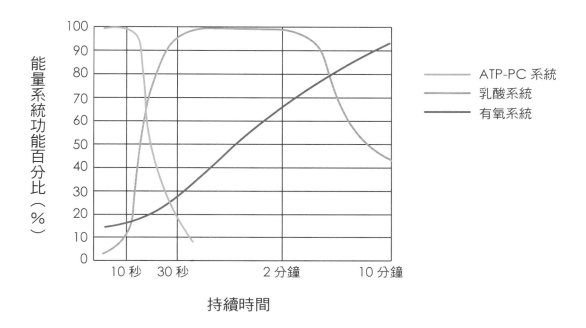

參考資料：

- Fitness: The Complete Guide. Frederick C. Hatfield PhD. Ninth Edition.
- 香港體育教學網 http://www.hkpe.net/

MEMO

體態評估

正面觀

- 觀察兩腳掌是否平行。

- 兩腳尖是否對齊前方。

- 髖部、膝蓋、腳踝、第二根腳趾頭是否排列成一直線。

- 膝蓋有沒有向內（X 型腿）或向外（O 型腿）傾倒。

- 兩邊髂前上棘是否同高。

- 身體中線是否排列成一直線。

- 鼻尖、劍突、肚臍是否排列成一直線。

- 兩手掌是否同高。

- 兩肘窩是否同高。

- 兩肩峰是否同高。

- 兩耳垂到鎖骨的距離是否對等。

- 頭部是否有向側邊傾斜。

- 頸部是否向左邊或右邊旋轉。

- 檢查以上。

側面觀

- 觀察耳垂、肩峰、大轉子、膝外髁、踝外髁是否排列成一直線。
- 兩腳掌是否平行。
- 兩腳尖是否對向前方。
- 膝關節是否過度伸展。
- 骨盆是否前傾過多。
- 骨盆是否後傾過多。
- 腰椎是否前凸過多。
- 腰椎是否過度直立。
- 胸廓是否前移。
- 胸廓是否後移。
- 肩胛是否外展。
- 手肘是否無法伸直。
- 手肘是否過度伸展。
- 頭部是否前引。
- 是否抬頭。
- 是否低頭。
- 脊柱是否延伸拉長。

後面觀

- 觀察兩腳掌是否平行。
- 阿基里斯腱是否平行。
- 足弓是否塌陷。
- 兩小腿的肌肉尺寸和排列方式是否均等。
- 小腿是否外旋。
- 膝窩是否同高。
- 髖部、膝蓋、腳踝、第二根腳趾頭是否排列成一直線。
- 膝蓋是否向內塌陷（X 型腿）。
- 膝蓋是否向外移（O 型腿）。
- 兩邊臀部的肌肉尺寸和排列方式是否均等。
- 兩髖髂後上棘是否同高。
- 兩邊肩胛下角是否同高。
- 兩邊肩胛骨是否均勻排列。
- 兩邊肩峰是否同高。
- 兩手肘是否可以伸直。
- 兩手掌是否齊高。
- 兩邊尺骨鷹嘴突是否朝向後方。
- 兩耳是否同高。
- 身體中線是否和地板垂直。
- 脊柱是否延伸拉長。

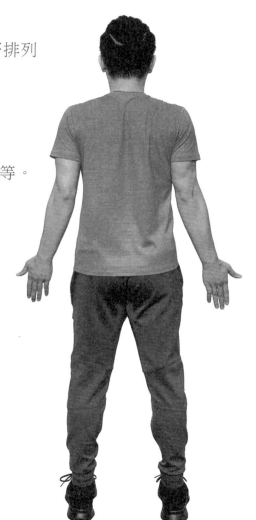

原則與考量

4.1
重量訓練原則

學習大綱：

1. 適應性原則
2. 一般適應綜合症原則
3. 用進廢退原則
4. 循序漸進超負荷原則
5. 超補償原則
6. 適當姿勢原則
7. 拮抗原則
8. 特定適應原則
9. 專項原則
10. 優先原則
11. 個體差異原則
12. 週期化原則

教練在指導學員進行重量訓練的時候，綜合考量以下原則將有助於幫助學員安全、有效、持續地進步，達成健身目標。缺乏原則考量的重量訓練，反而可能造成負面效果，其中包括：令人畏懼、效果不佳、過度訓練、運動傷害等。

一名教練之所成功，不只是自己練得多壯，比賽拿過什麼名次，而是在教學的時候能夠全面地考量學員所需，以及在指導練習的時候確實考量應該遵循的原則並運用在執行上，這樣才能夠有效率地帶領學員前往個人的健身目標。

以下為大家統整常見的訓練原則，這些原則也可以應用在其他面向的訓練，為了正確、安全、有效地指導重量訓練，請大家務必在指導重量訓練時綜合考量以下原則。

1 Adaptation Principle 適應性原則

人體雖然傾向處於恆定狀態，不過人體強大的特性之一就是可以根據需求和刺激適應環境，當人體透過參與運動進行訓練的時候，運動內容就被視為是對身體的刺激。訓練時進行會感覺到累的動作，對人體體能現狀來說，有強度的訓練是對身體製造新的需求，正因為人體能夠根據刺激而適應，所以可以透過運動和訓練促進健康和提升體能。舉例來說，根據科學研究發現，透過反覆練習 12 至 15 下 1RM% 的阻力訓練，有助於提升目標肌群的肌耐力。

2 General Adaptation Syndrome Principle 一般適應綜合症原則

如上述，人體雖然傾向處於恆定狀態，不過當人體承受適當壓力時會反應和適應，一般適應綜合症（簡稱為 GAS）是由加拿大醫師 Hans Seyle 所提出的，該醫師描述，適應時會出現「警戒」、「抵抗」、「疲勞」三個階段，舉例來說，訓練時，選擇適當的重量會對身體產生良性的壓力，身體會對承受壓力的過程和經歷做出應變。

❶ 第一階段：警戒。當壓力源出現的時候，大腦和身體會先進入警戒階段，啟動戰與逃反應，包括：交感神經變得旺盛，腎上腺素開始分泌，呼吸變急促，心跳變快，血壓開始升高。練習阻力訓練時，身體承受重量的過程會啟動身心進入警戒階段。

❷ **第二階段：抵抗。**當大腦意識到有能力可以對抗這樣的壓力源時，我們的身體和心理就會開始克服這個壓力源，前提是，身心所面臨的壓力來源是可以被克服的。由此可理解，當在帶學員練習重量訓練的時候，教練應該協助學員進行身心可以適應的訓練重量、次數、組數和訓練量，以利於訓練後身心得以適應，順利通過抵抗階段。

❸ **第三階段：疲勞。**如果大腦發現針對壓力來源並沒有足夠的能力可以抵抗的話，就會進入疲勞階段，如此一來，就會全面影響心理和生理，內分泌系統、免疫系統、消化系統、生殖系統、心血管系統、神經系統、肌肉骨骼系統全面都會受到影響，也就是說，如果教練指導時，給予過度的訓練重量、訓練量，有可能會造成過度訓練，令學員發生疲勞、無精打采、運動表現失調、食慾不佳、睡眠障礙、憂鬱、焦慮等負面狀態。

簡而言之，一旦當我們了解了一般適應性綜合症之後，就可以應用為訓練時需要納入考量的原則，訓練時應該挑選學員身心可以成功抵抗的強度，而不是一味加重徒增疲勞而已，教練們教學時當然應該要避免過度訓練的負面結果，因為過大的強度，只會讓人想打退堂鼓而已。訓練時，強度下得越準，代表這個教練的能力越高超，所以在此提醒大家，在教學時一定要把「一般適應綜合症原則」納入考量。

❸ Use/disuse Principle 用進廢退原則

用進廢退，以體適能運動來說，用就是訓練的意思，廢就是不訓練的意思，因為人體有著強大的適應環境的能力，所以當人體參與肌力訓練時，隨著規律訓練，加上均衡飲食以及足夠休息，可以提升肌肉的穩定度、肌耐力、發展肌肉等。可惜的是，健身運動的成效不是一勞永逸的，根據可逆性法則，當人體不使用和不訓練的時候，雖然神經徵召肌肉的能力也許

沒有退步，不過持續一段時間後，肌肉量就會開始下降，肌肉耐力下滑，穩定度也會隨著不動而衰退。根據研究，就算是 20 多歲的年輕男性，只要在床上躺著休息不動 7 天，肌肉就會流失大約 1.4 公斤，真的是相當驚人的變化！該研究證實了用進廢退的理論，也說明了要活就要動的概念。

4 Progressive Overload Principle 循序漸進超負荷原則

　　循序漸進超負荷原則，可以分為循序漸進和超負荷兩個原則來理解。超負荷原則建立在適應原則上，當一個人想要透過運動提升體能，必須要被給予超過身體原本能力的壓力，身體才會因為有強度的壓力而想盡辦法克服和適應。有些民眾因為討厭運動所產生的疲累或痠痛的感覺，所以總是選擇不會累的有氧運動和不會產生痠痛感覺的重量訓練，那麼可想而知，因為身體所得到的壓力不足，所以就算做一週五次的重量訓練，肌肉力量也很難有明顯的進步。然而，教練在指導重量訓練時，也不應該因為超負荷原則而魯莽地過度加重，合格的教練應該根據一般適應綜合症原則和超補償原則進行考量，並根據學員體能現況和健身目標選擇合適重量和合適強度，才不會造成過度訓練。可以精準地給予強度的教練，代表了對學科理論的充分理解和經年累月的教學經驗，這樣才能稱得上是一位優秀的教練。

5 Supercompensation Principle 超補償原則

　　超補償現象最早由學者 Folbrot 在 1941 年提出，後來 Selye 醫師稱呼這樣的現象為「一般適應綜合症」。在 1949 到 1959 年間，俄國科學家 Nikolai N. Yakovlev 更仔細將訓練後的適應階段分為四階段，第一階段：訓練的疲累，維持 1 到 2 小時。第二階段：訓練後休息時的補償階段，會

維持 24 到 48 小時，期間體能開始恢復。第三階段：訓練後的 36 到 72 小時，超補償的反彈階段，這個階段就是身體適應訓練刺激後體能提升的高點。第四階段：訓練後的 3 到 7 天，再從超補償階段時所獲得的生理益處峰值退回訓練前的體能狀態。

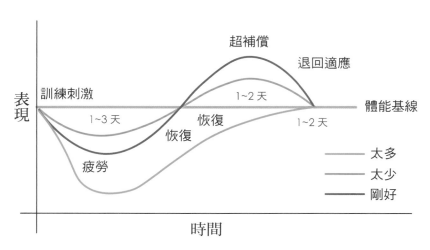

Supercompensation 超補償理論

▲ Source: https://sunnyhealthfitness.com/

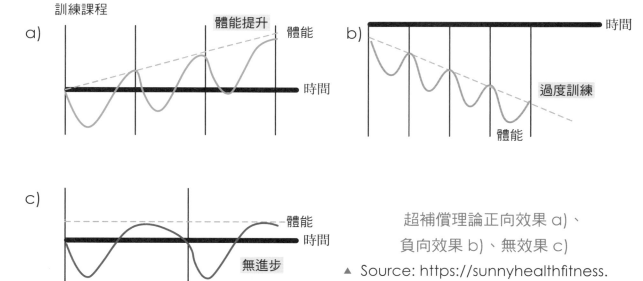

超補償理論正向效果 a)、
負向效果 b)、無效果 c)

▲ Source: https://sunnyhealthfitness.
com/

　　超補償現象可以說是更完整地描述了人體訓練後的反應，首先，因為人體會適應，所以要經過訓練的壓力刺激，體能才會進步，這涵蓋了適應理論。再來，超補償理論比一般適應綜合症更完整描述體能經過休息後體能的「反彈」狀態，也說明了不一定訓練後都會進入「疲勞 (exhaustion)」階段。同時也解釋了「循序漸進超負荷」的重要，如果訓練的壓力過大，身體就需要更多時間修復和反彈，如果在一次訓練完尚未恢復時又進行下次訓練的話，恐怕會適得其反，造成負面效果。相反來說，如果訓練時的壓力太小，身體不需要花太多時間就可以適應了，而且如果在下次訓練之前，體能已經又從反彈後的高點退回來的話，那麼長期訓練下來，體能還是不會有進步的。

　　如果每次訓練和訓練之間的休息太久，使得體能反彈後的高點已經退回到之前運動時的體能基線，長期下來，體能也不會進步。所以訓練和訓練之間需要適當休息讓體能恢復，但是訓練之間不能間隔大久，根據訓練強度拿捏休息時間，也說明了休息和適當運動頻率的重要性。最理想狀態的是，每次訓練都可以緊接著上次體能恢復後反彈的高點接續下去，這樣規律進行，理論上，體能就可以不斷地進步！

　　綜合來說，超補償理論包涵了適應原則、一般適應綜合症原則、用進廢退原則和循序漸進超負荷原則，除了從單次的訓練後的適應和體能反彈有更完善的描述之外，也說明了每次訓練中間的休息時間應該拿捏恰當，才可以接續在反彈後的體能高點時緊接訓練，享受訓練的效益；反之，每次訓練中間如果休息時間不夠，也就是所謂的過度訓練，只會讓體能持續下滑，更因為如此，在訓練的時候，也應該綜合將週期化訓練納入體能訓練考量。後續將持續說明週期化訓練對於體能提升的好處。

❻ Proper Form Principle 適當姿勢原則

　　重量訓練，若單就字面上解釋，有可能會誤導某些教練偏誤地認為就是要練得越重越好！然而如果在練習過程當中只是追求重量而沒有保持適當的姿勢，或是在練習的最後幾下逐漸「掉出」良好的姿勢範圍，犧牲掉的可不只是動作品質，也犧牲掉動作的安全性。必須要再次提醒大家，如果在練習重量訓練的時候，一味追求重量，卻未在過程中維持動作品質的話，受傷只是遲早的事情而已！

　　穩、準、重，分別代表的是穩定、準確、重量，是當初綽號「大麥克」的邱俊凱前輩在健身房傳授給群甫教官的原則。他說：「如果在練習重量訓練沒有遵循這樣的原則訓練，會很容易受傷！」確實，在練習重量訓練的時候，應該要先確認穩定肌群是否有確實參與，並且也要確認動作過程是否可以穩定地在想要進行的可動範圍中進行，這樣的觀念和美國國家運動醫學院所提出的「肌力的第一階是要先從穩定度開始訓練」有異曲同工之妙。

　　以我的教學經驗解釋，當我們確認動作可以以較輕的重量「穩定」進行之後，接下來要確認，動作是否可以「準確」地進行以及「準確」地練習到目標訓練肌群，這樣一來，才可以高效率地練習動作。在一組動作中的最後那幾下，若肌肉很疲勞，導致動作逐漸無法維持時，就應該停下動作，因為動作已經失去準確性，繼續做下去也只是用代償的方式練習，如此一來已經失去練習動作的目的。

　　接下來談「重量」。在適當姿勢原則裡，重量的增加應該在一組中每一下動作都可以在適當姿勢中進行的時候發生，所以如果動作品質不足夠時，應該先把動作的目的、預備動作、目標訓練肌群、身體中心線、適當姿勢、可動範圍、常見錯誤動作都檢視一遍，確定動作可以以適當的姿勢進行，才可以循序漸進地加重，記得，是**循序漸進地加重！**

因為我有美國國家運動醫學院的矯正運動專家證照，所以我會不斷強調在練習重量訓練時「適當姿勢」的重要性，請大家一定要謹記在心！簡單來說，所謂的「錯誤」動作就是「容易造成關節損傷的動作」，而所謂的「正確」動作就是「不會造成關節損傷的動作」。大家要仔細想想，當人們在練習重量訓練的時候，通常都是負重不少的重量，若沒有遵循「適當姿勢原則」而以「代償」的方式向鄰近肌群借力，或是將原本應該是目標肌群要參與對抗的重量承重在關節面上的話，會發生什麼事情呢？答案就是造成「損傷」，造成急性或慢性的運動傷害！所以我不斷地提醒大家，重量訓練或是阻力訓練的練習千萬要以「適當姿勢」的方式進行，否則，如果造成傷害有可能一輩子都會有後遺症，得不償失喔！

至於為什麼是以「適當姿勢」進行就可以，而不需要以「標準姿勢」或是「良好姿勢」要求動作呢？因為，練習阻力訓練／重量訓練的男女老少在剛開始練習的時候，神經和肌肉可能無法做出「標準」或是「良好」的動作，所以對於初學者，並不需要過度要求動作的標準，而是在安全、適當姿勢的「範圍」中進行即可。相對來說，如果一開始練習，姿勢比較不適當可是不會不安全的話，那就先退階用最輕的重量練習動作品質。記得，**動作先有品質，然後才可以增加數量，最後才可以增加重量！**總而言之，在練習重量訓練／阻力訓練的方式和進程就是，質量先行於重量，動作品質先過關，才可以加重訓練，不可以因為追求重量而犧牲動作品質。

7 Antagonism Principle 拮抗原則

拮抗原則，簡而言之，就是要以拮抗原理訓練互相拮抗的肌群，舉例來說，訓練肱二頭肌時也應該要訓練肱三頭肌，以達到肌群平衡發展，避免失衡。

成人有 206 塊骨頭，有 600 多條肌肉，360 個關節，人體的可動關節是由多條肌群跨越形成的，以膝關節為例子，膝蓋是樞紐關節，日常生活中主要進行屈曲和伸展的動作，股四頭肌主要負責膝伸展，腿後腱肌群主要負責膝屈曲。如果一位運動員在訓練時只有練股四頭肌而沒有練腿後腱肌群的話，長期下來，很有可能會造成腿後腱肌群在爆發力的動作中被拉傷，這就是因為沒有考量到拮抗原理而造成肌肉發展不平衡，大大地提升了受傷的風險。

再舉一個例子，如果一個愛好訓練上半身的男性，總是訓練胸大肌和背闊肌，可是卻沒有訓練後三角肌和斜方中段以及菱形肌，殊不知，胸大肌和背闊肌止點都在肱骨前側，長期訓練下來，有很大的機率會導致圓肩的體態，逐漸練成上交叉症候群的樣子，雖然看起來很壯，但體態就是很不自然，甚至連呼吸都變得不順。所以阻力訓練／重量訓練時一定要考量拮抗原理，才不會練成肌肉不平衡的狀態。

8 SAID (Specific Adaptations to Imposed Demands) Principle 特定適應原則

人體會因為受到特定刺激（需求）進而產生特定適應成效。

在訓練的時候，可依照健身目標考量肌纖維型態、能量代謝系統、動作模式進行特定訓練給予身體刺激，舉例來說，如果該名學員是要參與健力比賽的選手，那麼在訓練時候就應該往最大肌力的方式訓練，也就是要加強訓練二型肌纖維，增強爆發力，並且提升身體透過無氧途徑提供能量的能力，以及透過相同力學模式訓練神經肌肉系統熟練該動作模式輸出最大力量。

另舉一例，如果有一位民眾想要透過重量訓練／阻力訓練進行身材雕塑，訓練中給予身體的刺激就會特化為循序漸進的肌肉發展訓練，以肌纖

維的考量，可同時加強耐力訓練和肌肥大訓練，因為這樣可以同時提升體力和改善身體形象，訓練時可以採用超循環的訓練法進行，有氧運動燃燒脂肪，阻力訓練發展肌肉，有助於改善身型，訓練時，針對想要雕塑的部位訓練神經肌肉，透過安全、有效的力學考量促進肌肉發展。

特定適應原則在應用的時候也可以將更多層面納入考量，像是代謝壓力、動作節奏、動作速度、訓練平面、可能的干擾等。總而言之，依照健身目標給予特定刺激，才會產生特定適應成效。

9 Specificity Principle 專項原則

根據特定目標進行專項訓練，使人體適應刺激，提升專項運動表現。

專項原則和特定適應原則基本上指的都是根據特定目標進行特定訓練給予刺激，以產生特定適應成效。不過，專項原則通常指的是根據專項運動提升運動表現，舉例來說，如果要提升參加馬拉松的比賽成績，就應該訓練以長距離跑步來提升心肺適能，透過練習反覆的跑步動作改善動作模式，而不是以長時間飛輪或是長時間划船來訓練心肺。

又假設，學員特定的目標是要提升籃球這個項目的運動表現能力，那麼就應該針對籃球場上會進行的動作來設計專項訓練內容，例如，需要訓練落地的肌肉離心收縮能力，需要以增強式訓練，提升反覆彈跳的爆發力，練習有氧和無氧途徑穿插進行的體能訓練，訓練腿部的肌耐力和爆發力並且維持敏捷度和快速啟動的能力，訓練在有干擾的情況下同時完成運球、變換方向和身體移動的能力等。

根據專項運動，考量、設計並執行訓練內容，就是專項原則。

10 Priority Pinciple 優先原則

優先原則是指，在訓練的時候，因為特定考量優先訓練某些肌群。

在美國運動醫學會（ACSM）的私人教練課本第六版裡面有提到，一般阻力訓練原則包括了優先原則，「主要的原因是，在一次訓練裡面很難訓練到所有面向的肌肉適能，因此在週期化訓練中，應該聚焦或是優先進行該循環內的訓練目標。」

以一堂一般民眾版的私人教練課程來說，通常在 60 分鐘裡，內容至少需要包括暖身、主運動、和緩運動，如果每個動作練習 1 到 3 組的話，勢必需要在每堂課上課前根據評估和健身目標決定需要優先訓練哪些肌肉。舉例來說，如果該學員的目標是改善下背部緊繃和預防跌倒的話，那麼該堂課程應該優先評估下背部的柔軟度和預防跌倒所需要的肌力，如果評估出來確實發現該名學員下背部緊繃，那麼在該堂課程中，應該在暖身之後優先改善腰背部的柔軟度，並且適當訓練核心肌群，然後優先訓練為了預防跌倒所需要訓練的肌群。

身為矯正運動專家，我認為優先原則對於改善和預防肌群不平衡起到很大的作用，因為如果一名具有指導矯正運動能力的私人教練，可以透過評估和動作發現該名學員目前身體較緊繃和較弱肌群的話，便可以在訓練的時候，優先訓練比較緊繃和比較弱的肌群，以協助動作穩定和改善關節狀態與提升動作品質，同時還可以改善力偶關係。所以群甫教官建議在練習重量訓練／阻力訓練的時候，將「優先原則」納入考量，不但有助於提升訓練品質也有助於預防運動傷害。

🆖 Individual Difference Principle 個體差異原則

個體差異原則是指每個個體適應刺激的反應和能力不一樣。

基因、性別、年齡、身高、體重、身體組成、肌力、骨質密度、肢段長度、心肺能力、體能現況、神經肌肉能力、關節可動範圍、結締組織狀態、激素分泌狀態、過去病史、動作學習速度、心理準備、情緒反應、智商、

理解能力、資訊處理速度、心智成熟度、態度、決心、毅力、耐心、熱情、面對挫折的反應等，每個人都不一樣，身為一位合格的教練在指導訓練時，應該要有能力考量個體差異，如果是一名合格的認證私人教練，更應該要熟練地將個體差異納入考量，在規劃、設計和執行重量訓練／阻力訓練課程內容時，為個體客製化量身打造適合的訓練內容，以助循序漸進達成健身目標，並且避免運動傷害。

⓬ Periodization Principle 週期化原則

週期化訓練主要就是透過變化訓練內容、訓練強度、訓練量以及管理休息和恢復的時間，以提升訓練效益和避免運動傷害。

人體會適應在訓練時給予身體的刺激和壓力，可是如果強度過強或是休息時間不足，身體就有可能會適應不良，造成過度訓練，也就是在一般適應綜合症提到的疲勞階段。為了避免身體過度疲勞而無法產生超補償現象的適應性體能反彈，依照學員各階段的健身目標、運動表現需求（如有參賽）、體能分階訓練、優先原則、專項原則和時間設計訓練課程內容就是週期化原則考量。

週期化的訓練計畫，常分為三大週期：大週期（macrocycle）、中週期（mesocycle）、小週期（microcycle），大週期通常指的是年度計畫，中週期指的是訓練計畫中的一到三個月的期間，小週期通常指的是一週內的時間。如果一整年的訓練方式和訓練量都完全一樣的話，那代表著學員完全沒有進步或是教練完全不懂變化訓練變項，不但訓練的成效會非常有限，甚至學員出席的持續性也有可能會降低。因為要避免運動傷害和提升訓練效益，確實地評估學員的體能才可能打造個人化的訓練內容，再隨著時間推演，分別設定短期、中期、長期目標，依照學員當下的體能設計、執行和調整訓練內容。

　　舉例來說，如果學員四個月後要將立定跳遠成績從 150 公分提升到 200 公分以上，那麼教練應該先確實評估該學員的跳遠爆發力和落地能力，也評估跳躍時的關節排列和核心穩定度，評估後，可先訓練穩定度，進行四週並且穿插心肺有氧訓練和核心訓練。當穩定度提升了之後，第二個月可以開始訓練下半身肌肉耐力，並且持續穿插心肺有氧運動與核心訓練，在第二個月的月底時可以循序漸進練習跳遠爆發力。進度順利的話，在第三個月和第四個月以超級組的方式訓練下半身的最大肌力和跳遠爆發力，過程持續穿插心肺有氧訓練和核心訓練，目標在訓練四個月後立定跳遠提升 50 公分以上，跳超過 200 公分。

　　以阻力訓練／重量訓練來說，週期化訓練原則不但可以提升訓練效益還可以避免運動傷害，並且可以提供訓練多元性，也給予身體足夠時間度過遲發性肌肉酸痛，促進恢復和體能提升。

　　教練在指導重量訓練／阻力訓練時，請周全地考量以上原則，以確保安全、有效、適當的訓練。

參考資料：

- Marlou L. Dirks, Benjamin T. Wall, Bas van de Valk, Tanya M. Holloway, Graham P. Holloway, Adrian Chabowski, Gijs H. Goossens, Luc J.C. van Loon; One Week of Bed Rest Leads to Substantial Muscle Atrophy and Induces Whole-Body Insulin Resistance in the Absence of Skeletal Muscle Lipid Accumulation. Diabetes 1 October 2016; 65 (10): 2862–2875. https://doi.org/10.2337/db15-1661
- Mitsumune T. Possibility of Delay in the Super-Compensation Phase due to Aging in Jump Practice. Asian J Sports Med.4(4):34251. doi: 10.5812/asjsm.34251.
- American College of Sports Medicine. ACSM's Resources for the Personal Trainer. Sixth ed. Philadelphia (PA): Wolters Kluwer; 2022. 387 p.

健身目標和體能評估

本章節的學習目標如下：

❶ 了解以健身目標為主要的考量選擇動作的必要性。

❷ 理解、整合和應用以健身目標為主要考量到教學中。

❸ 理解、整合和應用以體能評估和傷害史考量到教學中。

以下各點，請務必謹記於心：

● 健身教練主要是幫助學員往健身目標邁進。

● 訓練時，健身目標、體能評估、受傷史都是主要考量。

● 因為每個人的健身目標不一樣，所以訓練動作選擇會因人而異。

● 因為每個人的體能不一樣，所以動作進程也會因人而異。

● 如果訓練時，教練沒有把健身目標納入考量的話，那一次次的訓練就像是迷了路一樣，失去了方向，也失去了最重要的焦點。

● 教練在挑選訓練動作時，所有訓練動作都應該和健身目標相關。

學員的健身目標是什麼？

學員目前體能的狀態如何？

學員過去受傷史為何？

身為一名專業的教練，特別是身為私人教練，應該要對這些問題的答案一清二楚，如果在挑選重量訓練的動作時只根據自己的喜好，或是缺乏考量地永遠都只做一些特定的動作，或者是教練帶好幾個學員所訓練的動

作完全一模一樣的話，基本上，說明了這個教練可能不了解學員或是動作，或是就是忘記了。如果不了解學員的健身目標和體能現況就不會知道該挑選什麼動作進行訓練，如果自己會的訓練動作不夠多或是不了解動作的效益是什麼，就會不知道該挑選什麼動作。所以當教練一定要了解和熟記學員的健身目標，並了解動作和熟悉動作。此外對於所有的訓練動作，自己都應該要有練習經驗，且要常常練習，若是過了一段時間忘記了部分動作，就應該透過複習，一再反覆練習，才能在教學時提供訣竅給學員。

身為一名專業的重量訓練教練，必須要根據學員的健身目標挑選出合適的重量訓練動作，以符合相關性原則，並且要根據學員過去受傷史、當下的體能現況適當選擇進階或退階，或者是替代的動作。

舉例來說，當一位年紀約 30 多歲的男性想要發展胸肌，可是他 20 多歲在練習胸推時，肩膀有受過傷，面對這種情況，身為教練的你會怎麼帶這位學員訓練呢？

深入分析

以這個例子來說，訓練一開始先不考慮大重量的 Bench Chest Press（胸推），雖然這是多關節的動作、也是常見的動作，可是因為考量到這位學員肩關節有舊傷的關係，身為專業教練應該在練習之前先再次進行推的動作檢測，重新確認學員目前在進行推的動作時有沒有高低肩，有沒有會產生疼痛的範圍，兩邊肌肉發力和參與狀態是否相等，胸肌的參與程度是否足夠，進行評估之後，再來選擇合適訓練動作。

假設在評估時發現，這位男性學員兩邊胸肌因為有舊傷的關係已經有大小不一的情況，並且在推的時候，會有些微聳肩的代償情況，綜合以上狀態，教練可以優先選擇做開放鏈的仰臥胸推（Bench Chest Fly），先從

肌肉優先法啟動想要訓練的肌群，不但可以確實啟動胸肌，相對於閉鎖鏈的動作，開放鏈的動作對肩膀關節的承重壓力也比較小，可以更循序漸進地進行訓練。等到一一確認好學員的胸肌可以確實發力參與，肱三頭肌也有參與動作，兩邊肌群參與相當，並且沒有代償的狀態之後，再來依序選擇滑輪鋼索胸飛鳥（Cable Chest Fly）、旋上握法肩前舉（Supinated Grip Front Raise）、輕微前俯身側下推（Slight Prone Dip）、滑輪鋼索胸推（Cable Chest Press），透過 Cable 的不穩定性徵召更多肌纖維的參與，並且透過角度變化，分別刺激胸大肌鎖骨端和靠近肋骨端的肌束。

綜合以上，一名合格、稱職、專業的教練要學會和不斷練習根據學員的健身目標、體能現況、過去受傷史挑選合適動作，這樣學員訓練起來才會安全又有效，而且可以快速往健身目標邁進。（至於各年齡層和不同性別，以及不同運動傷害史應該要怎麼訓練的話，如想知道更多詳情，歡迎報名參加重量訓練／阻力訓練教練培訓課程和認證私人教練證照。）

個案討論

個案 1：以上述 30 多歲男性案例來說，在練習完胸肌之後，根據拮抗原則，接下來應該要選擇什麼動作進行訓練以避免肌肉發展不平衡？

個案 2：如果有一位 70 多歲，有肌少症的女性，想要強化上半身，提升上半的肌肉量的話，你會選擇哪些動作進行練習，順序會怎麼安排？

個案 3：如果有一位 17 歲的女性，想要強化上半身，提升上半身的肌肉量的話，你會選擇哪些動作進行練習，順序會怎麼安排？

以上三個案例分析，照理說選擇的話動作和進行的順序不會一樣。請討論並且選擇合適動作，然後說明選擇動作原因和解釋動作安排順序。

　　提醒：因為學員性別和年齡不同所以喜歡做的動作也會不一樣！通常學員的喜好，我們在教課的時候也需要考量進去，所以，請也將學員通常的喜好考量進去。練習設計課表吧！加油！

討論結果：

_____

_____

_____

動作順序：

_____

_____

_____

解釋安排順序原因：

_____

_____

_____

肌力分階和訓練節奏

學習目標

　　根據美國國家運動醫學學會（NASM）的建議訓練分為五階。我建議加上徵召階段，並且根據分階採用不同的訓練節奏。

學習內容

階段	訓練節奏 離心 - 等長 - 向心收縮
徵召	3-0-2
穩定度	4-2-1
肌耐力	2-0-2, 3-0-3
肌肥大	2-0-2, 3-0-3
肌力	2~3-0-<1, 快速
爆發力	1~2-0-<1, 最快越好

　　實際訓練時的節奏，應該依健身目標和學員體能狀態而定。

參考資料：

- NASM Essentials of Personal Fitness Training, Seventh Edition.
- Fitness: The Complete Guide. Frederick C. Hatfield PhD. Ninth Edition.
- Folland, J. P., & Williams, A. G. (2007). The adaptations to strength training: morphological and neurological contributions to increased strength. Sports Medicine, 37(2), 145-168.
- Douglas, J., Pearson, S., Ross, A., & McGuigan, M. (2017). Chronic adaptations to eccentric training: a systematic review. Sports Medicine, 47(5), 917-941.
- Ratamess, N. A., et al. (2009). Progression models in resistance training for healthy adults. Medicine and science in sports and exercise, 41(3), 687-708.

MEMO

_____

_____

_____

_____

_____

_____

_____

_____

_____

_____

_____

_____

第五篇

訓練動作

MEMO

_____

_____

_____

_____

_____

_____

_____

_____

_____

_____

_____

_____

_____

基本起始位置

學習目標

了解、學習或
應用於健身指
導教學

學習大綱

- Supine 仰臥姿
- Prone 俯臥姿
- Seated 坐姿
- Standing 站姿

Supine
仰臥姿

- 躺下後，面朝天空，將雙腳踩好與髖部同寬，排列髖部、膝蓋、腳踝、第二根腳趾頭一直線，腳跟到臀部一個腳掌的距離，兩腳腳掌平行，腳趾頭踩下，第二根腳趾頭朝向 12 點鐘方向，避免膝蓋外旋。雙腳要確實踩穩，以利形成反作用力。

- 骨盆、腰椎中立，腰部離地板大約一個手掌的高度，脊柱延伸拉長，保持肩胛骨中立並放置在地墊上，保持頸椎中立，往頭頂方向拉長，平視前方。

- 手臂放置於身體左右兩邊的地墊上，盡量保持肩關節中立，橈尺關節旋上、中立、或旋下，開放自由選擇，建議肩關節敏感的人維持掌心朝上。

- 從俯瞰觀察時，兩肩、兩髖同高，身體中心線置中。

- 從側面觀察時，耳朵、肩峰、胸廓中心和大轉子呈一直線，肩胛骨貼地，骨盆和腰椎維持中立位置。

Prone
俯臥姿

- 趴在地墊上後，面向地板，將雙腿伸直，保持雙腿平行，髖部、膝蓋、腳踝、第二根腳趾頭排列成一直線。

- 盡量保持骨盆和腰椎中立，如恥骨感覺到壓迫，可以墊個毛巾在恥骨和地墊之間，保持脊柱延伸拉長，維持肩胛骨在中立位置，將頸椎延伸，用額頭點地，如果有戴眼鏡，建議可先將眼鏡拿下。

- 兩手臂自然伸直在身體左右兩側，建議保持肩關節中立，橈尺關節旋外，手掌心放置在地墊上。

- 從俯瞰觀察時，兩肩、兩髖同高，身體中心線置中，雙腿平行。

- 從側面觀察時，肩峰、胸廓中心、大轉子呈一直線，肩胛骨中立，骨盆和腰椎維持中立位置。

Seated
坐姿

- 將雙腳踩好與髖部或肩部同寬，排列髖部、膝蓋、腳踝、第二根腳趾頭一直線，兩膝彎曲成 90 度，第二根腳趾頭盡量朝向 12 點鐘方向，或者維持膝蓋中線對齊第二根腳趾頭，避免過多的膝蓋外旋。雙腳要確實踩穩，以利形成反作用力。

- 骨盆、腰椎中立，脊柱延伸拉長，腹部整圈收縮，保持肩胛骨中立，頸椎中立，往頭頂方向拉長，平視前方。

- 從正面觀察時，兩肩、兩髖同高，身體中心線和地板垂直。

- 從側面觀察時，耳朵、肩峰、胸廓中心、大轉子呈一直線，骨盆和腰椎維持中立位置。

正面觀 　　側面觀

Standing
站姿

- 將雙腳踩好與髖部同寬，排列髖部、膝蓋、腳踝、第二根腳趾頭一直線，兩膝微彎，第二根腳趾頭維持 12 點鐘方向。膝關節微彎。
- 骨盆、腰椎中立，脊柱延伸拉長，腹部整圈收縮，肩胛骨中立，保持頸椎中立，往頭頂方向拉長，平視前方。
- 從正面觀察時，兩肩、兩髖同高，身體中心線和地板垂直。
- 從側面觀察時，耳朵、肩峰、胸廓中心、大轉子、膝外髁和腳踝呈一直線。

正面觀　　　　　　　**側面觀**

MEMO

核心穩定

學習目標

了解、學習核心
穩定度訓練,或
應用於健身指導
教學

學習大綱

- Bridge 橋式
- Airplane 飛機式
- Elbow plank 肘撐棒式
- Partial Crunch 局部捲腹
- Reverse Crunch 反向捲腹
- Roman Chair Hip Extension 羅馬椅髖伸

Bridge
橋式

動作目的	關節動作	主要訓練肌肉
啟動核心穩定、提升臀部肌耐力	髖伸展	臀大肌、核心肌群

預備動作

- 採仰臥姿。將雙腳踩好與髖部同寬，排列髖部、膝蓋、腳踝、第二根腳趾頭一直線，腳跟到臀部一個腳掌的距離，兩腳腳掌平行，腳趾頭踩下，第二根腳趾頭朝向 12 點鐘方向，避免膝蓋外旋。雙腳要確實踩穩，以利形成反作用力。

- 骨盆、腰椎中立，腰部離地板大約一個手掌的高度，脊柱延伸拉長，保持肩胛骨中立並放置在地墊上，保持頸椎中立，往頭頂方向拉長，平視前方。

- 手臂放置於身體左右兩邊的地墊上，盡量保持肩關節中立，橈尺關節旋上、中立、或旋下，開放自由選擇，建議肩關節敏感的人維持掌心朝上。

- 吸一口氣準備。

動作方式

- 吐氣時，雙腳往下踩，利用反作用力，啟動臀大肌向心收縮 1 到 2 秒，視健身目標而定，將臀部抬起至身體中心線和大腿成一直線，保持腳的大拇趾踩好地板，確實讓臀部參與動作。

- 抬至身體中心線和大腿成為一直線時，視健身目標等長收縮臀大肌數秒後，放下臀部。

- 吸氣時，離心收縮臀大肌，控制約 1 到 4 秒下降臀部，回到預備位置。

- 抬起和放下臀部即完成一下動作，反覆練習動作直到痠之後或預定時間後停下，然後記錄該組時間和次數。

- 通常建議練習 1 到 3 組，視健身目標而定。

運動傷害預防和優化訓練

» 注意練習動作的時候，避免腳外八。
» 避免膝蓋向中線坍塌。
» 避免腰椎過度伸展。
» 避免肋骨過度突出。
» 避免肩胛骨外展。
» 避免頸椎伸展。

呼吸方式

向心收縮的時候吐氣。
等長收縮的時候保持呼吸。
離心收縮的時候吸氣。

避免腳外八

退階 可以縮小可動範圍。

進階 可以選擇減少支撐底面積，用單腳練習動作。

Airplane
飛機式

動作目的	關節動作	主要訓練肌肉
● 提升核心穩定度 ● 啟動身體後側肌群參與動作	髖伸展、脊椎伸展	豎脊肌群、臀大肌、菱形肌、斜方肌中段、三角肌後束

預備動作

● 俯臥姿，臉朝下趴著，將身體趴在墊子中間，保持脊柱延伸拉長，肩胛骨中立。

● 雙手往 3 點鐘和 9 點鐘方向伸出去。

● 保持骨盆中立，兩腿伸直，膝蓋和雙腳與髖部同寬，曲蹠，將兩腳掌平行排列。

動作方式

● 吸氣準備，吐氣的時候，啟動身體後側力量，將上、下半身抬起。

● 抬起時，保持胸口離地，脊柱延伸拉長，頸椎中立，視線看地板。

● 停留在空中時，將肩胛骨微微內收，兩手臂往 3 點鐘和 9 點鐘方向伸出去，成為一直線，保持肘窩朝頭頂方向，手指頭張開，保持動態張力，手掌心朝胸口方向。

● 徵召豎脊肌群，將上半身抬起，可是保持腹部收縮，將肚臍眼往脊椎收縮，保持腹橫肌參與。

● 徵召臀大肌，將雙腿抬離地面，保持大腿前側微微用力，將膝蓋伸直。壓腳背，也讓小腿後側參與。

● 停留在空中的時候，保持自然呼吸，不要憋氣，盡量將呼吸拉長。

● 停留在空中，保持等長收縮。

● 放下時，輕輕吐氣，緩緩將身體放下，不要讓身體用力撞擊地板。

運動傷害預防和優化訓練

» 不要憋氣。

» 不要過度後曲腰椎、胸椎、頸椎。建議後曲到 30 度即可。

» 不要過度收縮後側肌群以免抽筋。

» 如有骨質疏鬆者應縮小可動範圍。

» 如有脊椎病變者應先諮詢醫師是否可以進行此動作。

» 如有高血壓者應優先選擇以坐姿訓練身體後側。

» 如有懷孕者請避免此動作。

» 如有眩暈病史者應避免此動作和頭部轉動。

呼吸方式

抬起停留在空中時，
自然呼吸。

30 度

退階 可縮小可動範圍。

進階 可以練習超人、眼鏡蛇、游泳。詳情請參與皮拉提斯教練證照。

Elbow Plank

肘撐棒式

動作目的	關節動作	主要訓練肌肉
提升核心部位穩定度	無	啟動、維持或強化 LPHC 腰椎骨盆髖部複合體周邊肌群

預備動作

● 從四足跪姿預備,將十隻手指頭張開鋪平,推著地面,手肘、手腕排列在肩膀正下方。

● 維持身體中心線,保持脊柱中立延伸拉長。肩胛骨排列在中立位置,腹部輕輕收緊。

● 膝蓋排列在髖關節下方,髖部、膝蓋近 90 度,將腳趾踩好。

● 吸一口氣準備。

動作方式

● 將手肘彎曲到 90 度,排列在肩關節下方,兩前臂平行。

● 將雙腿往後伸直踩穩,保持髖部、膝蓋、腳踝、第二根腳趾頭排列成一直線,腳踝維持約 90 度。

● 將腹部、臀部收緊,維持脊柱延伸拉長,保持腰椎骨盆髖部複合體周邊肌群參與,維持在平板位置。

● 注意頭不要垂下來,維持頸椎中立。

● 小心肩胛骨不要過度外展,腰部不要塌下來。

● 小心腳趾不要過度彎曲,以免讓關節產生過大壓力。

● 維持身體重量平均分散承重在手肘、前臂、前腳掌和腳趾頭上。

● 過程一定要順暢呼吸,應該避免腹部過度放鬆的腹式呼吸,建議使用較多的胸式呼吸以利維持核心部穩定。

運動傷害預防和優化訓練

» 注意頭不要掉下來，要維持頸椎中立。
» 小心肩胛骨不要過度外展。
» 小心腰部不要塌下來。
» 小心腳趾不要過度彎曲讓關節產生過大壓力。
» 維持身體重量平均分散承重在手肘、前臂、前腳掌和腳趾頭上，不要過度承重在上半身。
» 過程一定要順暢呼吸，為了優化訓練動作，應該避免腹部過度放鬆的腹式呼吸，建議使用較多的胸式呼吸以利維持核心部穩定。

呼吸方式

在等長收縮的時候順暢呼吸。

退階 可以選擇掌撐平板，因為加上肱三頭肌參與，並且身體平板角度比較傾斜，所以動作應該會變比較輕鬆。

進階 可選擇三個支點的平板，將腳或手肘離開地面，減少底面積，提升困難度，或是選擇用懸吊的方式練習平板提升難度。

Partial Crunch
局部捲腹

動作目的	關節動作	主要訓練肌肉
● 啟動、維持或強化腹部肌群 ● 保護腰椎	脊柱屈曲	腹直肌、腹內外斜肌、腹橫肌

預備動作

● 採仰臥姿，躺下後，面朝天空，將雙腳踩好與髖部同寬，排列髖部、膝蓋、腳踝、第二根腳趾頭一直線，腳跟到臀部一個腳掌的距離，兩腳腳掌平行，腳趾頭踩下，第二根腳趾頭朝向 12 點鐘方向，避免膝蓋外旋。雙腳要確實踩穩，以利穩定骨盆。

● 骨盆、腰椎中立，腰部離地板大約一個手掌的高度，脊柱延伸拉長，保持肩胛骨中立並放置在地墊上，保持頸椎中立，往頭頂方向拉長，平視前方。

● 手臂放置於身體左右兩邊的地墊上，盡量保持肩關節中立，橈尺關節旋上、中立、或旋下，開放自由選擇，建議肩關節敏感的人維持掌心朝上。檢測時保持掌心朝下。

● 吸一口氣準備。

動作方式

● 吐氣時，啟動腹橫肌，將腹部整圈收緊，啟動腹直肌、腹內外斜肌，向心收縮主動肌抬起頭部和胸廓，脊柱屈曲約到45度，記得保持腹部收縮，過程約 1 至數秒。

● 在屈曲時，可等長收縮 0 至 2 秒，或視目標停留。也可以採等長收縮方式練習持續保持收縮不動，過程記得要順暢呼吸，不要憋氣。

● 吸氣時，離心收縮腹直肌、腹內外斜肌約 1 至 4 秒，以控制的方式放下

胸椎、肩胛骨和頭部，記得要完全放回地墊，完成全可動範圍練習，過程小心不要仰頭，維持頸椎中立，肩胛骨盡量維持中立不要過度活動。

- 動作練習過程手可以在放地墊上，如果肩膀較敏感者，可將手放在大腿上練習動作。

- 從預備位置到脊柱屈曲約 45 度再放回地墊上，即完成一下動作。

- 依照健身目標，選擇合適的節奏練習動作，練習到痠痛時停下即完成一組，記錄該組秒數或是次數。

運動傷害預防和優化訓練

» 為了預防下背部的過度壓力，不建議練習仰臥起坐，以保護腰椎。

» 為了預防運動傷害，不建議用越快越好的方式練習局部捲腹，以避免拉傷。

» 為了預防運動傷害，建議在脊柱屈曲到 45 度時，維持下巴到胸口仍有一個拳頭的高度空間，有助於保護頸椎不會因為受到上下起伏的動量而提升勞損的風險。

» 為了優化訓練動作，要記得保持腹部整圈收緊的感受，也可以將下背部往地墊下沉，有助於腹部前側的收縮。

» 為了優化訓練，請在練習時，確實保持脊柱有延伸拉長的感受再收縮腹部，有助於維持椎體和椎體間的空間。

呼吸方式

吐氣時向心收縮，等長收縮時吐氣或是順暢呼吸，離心收縮時吸氣。

退階 可選擇縮小可動範圍，可選擇手扶頭練習，也可選擇將小腿平放在舉重椅上練習。

進階 可選擇增加重量，加長力臂，例如手舉過頭練習，或是練習時同時骨盆後傾。更多進階動作，請洽詢皮拉提斯教練證照研習班。

Reverse Crunch
反向捲腹

動作目的	關節動作	主要訓練肌肉
● 啟動、維持或強化腹部肌群 ● 保住腰椎	脊柱屈曲	腹橫肌、腹直肌、腹內外斜肌

預備動作

● 採仰臥姿,躺下後,面朝天空,將雙腳抬起到桌面的位置,兩大腿和地面垂直,兩小腿和地板平行,膝蓋彎曲到90度,大腿和身體屈髖到90度。

● 骨盆、腰椎中立,腰部離地板大約一個手掌的高度,脊柱延伸拉長,保持肩胛骨中立並放置在地墊上,保持頸椎中立,往頭頂方向拉長,平視前方。

● 手臂放置於身體左右兩邊的地墊上,盡量保持肩關節中立,橈尺關節旋上、中立、或旋下,開放自由選擇,建議肩關節敏感的人維持掌心朝上。如果要避免手推地代償的話,也可以將雙手放在腹部上面或是雙手放在頭部左右兩邊。

● 吸一口氣準備。

動作方式

● 吐氣時,啟動腹橫肌、腹內外斜肌和腹直肌,向心收縮1至數秒將脊柱從恥骨端反向屈曲,抬起臀部到脊柱屈曲約45度,視個人能力練習自己可以的可動範圍,脊柱屈曲時,盡量避免髖部屈曲活動。

● 脊柱屈曲45度後,可以等長收縮數秒,視目標練習,等長收縮時確實收縮腹部,注意肩胛骨不要離地,注意頸部要維持穩定。

- 吸氣時，離心收縮 2 至 4 秒，視目標練習，以控制的方式將腰椎、薦椎放回地墊，回到起始位置。
- 從預備位置到脊柱屈曲約 45 度再回到起始位置即完成 1 下。
- 反覆練習動作到感覺痠之後停下，記錄該組次數和練習方式，比如說屈膝還是直膝。
- 通常建議練習 1 至 3 組，視目標練習。

運動傷害預防和優化訓練

» 為了避免壓迫頸椎，建議不要練習舉雙腳過頭後點地，像是瑜伽犁鋤式的位置。
» 為了避免代償，建議先從屈膝的方式開始練習。
» 避免容易胃食道逆流的學員練習，以免感覺噁心。
» 避免血壓高、眼壓高、腦壓高的學員練習，避免壓力升高而產生意外。
» 避免孕婦練習此動作。
» 避免脊椎損傷者練習此動作。
» 避免有中風風險或是有中風史的學練習此動作。
» 為了要優化練習，建議先練習局部捲腹再練習此動作，並且要緩慢進行，不可用動量甩動練習。

第五篇
訓練動作

呼吸方式

吐氣時向心收縮。
等長收縮時吐氣。
離心收縮時吸氣。

退階 縮小可動範圍至臀部有抬起即可，或是退回骨盆後傾練習動作。

進階 練習 Hip Lift、Roll Over、Corkcrew 或垂直反向捲腹。進階動作請洽詢皮拉提斯專家研習班。

Roman Chiar Hip Extension
羅馬椅髖伸

動作目的	關節動作	主要訓練肌肉
啟動、維持或強化豎脊肌群、臀大肌、腿後腱肌群	髖伸展	豎脊肌群、臀大肌、腿後腱肌群

預備動作

● 選用羅馬椅，根據腿長調整大腿靠墊，靠墊必須低於髂前上棘，調整好後確定卡榫有卡好，再準備開始預備動作。

● 徒手練習的話，先將雙手扶在握把上，再將雙腳踩穩在腳踏板上，小腿後側抵住器材腿靠處形成反作用力，然後將大腿靠在大腿靠墊，排列雙腿平行。

● 起始位置時，最簡單的練習方式是保持雙手輕扶在握把上，吐氣時，將脊柱延伸拉長，預備時就啟動和等長收縮臀大肌、腿後腱肌群、豎脊肌群，對抗地心引力，維持上下半身一直線，從側面觀像是站姿一樣，耳朵、肩峰、胸廓中心點、大轉子、膝蓋外側、腳踝呈現一直線。記得保持腹部整圈收緊。

● 吐一口氣預備開始動作。

動作方式

● 吸氣時，保持豎脊肌群等長收縮，從髖部屈曲，離心收縮臀大肌、腿後腱肌群 2 至 4 秒，視目標決定秒數，下降上半身到與地板平行，此時小心膝蓋不要過度伸展。

● 可以在上半身和地板平行的時候，等長收縮數秒，視目標決定秒數。

- 吐氣時，保持豎脊肌群等長收縮，向心收縮臀大肌、腿後腱肌群2至數秒，視目標決定秒數，髖關節伸展，將上半身抬回預備位置，小心避免過度伸展脊柱。
- 從預備位置到上半身與地板平行再回到預備位置即完成 1 下。
- 反覆練習至痠的感覺後停下，記錄練習的方式和可以完成的次數。
- 通常建議練習 1 至 3 組，視目標決定組數。

運動傷害預防和優化訓練

» 為了避免椎間盤承受不必要的壓力，練習過程應該保持脊柱延伸拉長，核心腹部整圈收緊。建議以保持豎脊肌群等長收縮的方式中從髖部進行動作的練習，盡量避免脊柱活動，也要避免過度伸展頸椎。

» 為了避免運動傷害，不要用甩動的方式練習，動作過程應該保持控制，根據目標決定訓練節奏。

» 為了避免肌肉發展不平衡，要留意練習過程當中保持脊柱中立，不要側屈到其中一邊。

» 懷孕者、血壓高、眼壓高、腦壓高、容易頭暈目眩者、脊柱損傷者、有血管意外風險者應該避免練習此動作。

呼吸方式

吸氣時離心收縮。
吐氣時等長收縮。
吐氣時向心收縮。

退階 縮小練習可動範圍，或是用手撐著握把輔助動作，或是退回俯臥姿的飛機式。

進階 改變手臂的位置，改成雙手交錯點肩膀，或是改成兩手摸耳朵。也可以選擇兩手拿合適重量啞鈴。可是不建議加快速度練習。臥姿的飛機式。

進階 1 手摸耳朵

進階 2 雙手交錯點肩膀

MEMO

日常生活功能動作

學習目標

- 了解、學習日常生活功能訓練動作。
- 應用於健身教學指導。

學習大綱

- Squat（bodyweight）蹲
- Deadlift 硬舉
- Lunge 弓箭步
- Side Lunges 側弓箭步
- Shoulder Press 肩推
- Pallof Press 派洛夫推
- Rotation 旋轉
- Chest Press 胸推
- Row 划船

Squat （bodyweight）
蹲

動作目的	關節動作	主要訓練肌肉
強化下半身肌耐力、肌力、爆發力	髖伸展、膝伸展、屈蹲	臀大肌、股四頭肌、腿後腱肌群、腓腸肌、比目魚肌

預備動作

● 採站姿，將雙腳踩穩，兩腳、兩膝蓋與髖部同寬，髖部、膝蓋、腳踝、第二根腳趾頭一直線，兩腳掌平行，第二根腳趾頭朝向 12 點鐘方向。

● 骨盆中立，脊柱延伸拉長，保持身體中心線。

● 肩胛骨中立，兩手臂垂放在身體左右兩邊，手掌心朝內。

動作方式

● 吸氣時將臀部向後蹲坐向下，髖部和膝蓋屈曲，從髖部主導動作下蹲，下蹲至約與膝蓋垂直的位置。

● 過程中保持核心穩定，不要屈曲或伸展腰椎。

● 下蹲過程中同時將雙臂向前抬起與肩同高，記得保持肩胛骨中立。

● 一般而言，下蹲到兩大腿平行地板即可。

● 接著吐氣時從髖部發力，將身體向上站直，伸展髖部、膝蓋和腳踝，將身體站直回到直立的站姿。

● 雙手臂回到身體左右兩邊，小心膝蓋不要鎖住（過度伸展），髖部不要過度前推（伸展），腹部不要鬆懈鼓起。

運動傷害預防和優化訓練

» 動作過程中，小心雙腳不要外八，腳趾頭不要離地，膝蓋不要內八，膝蓋不要過度伸展。
» 骨盆不要過度前傾和後傾，身體中心線不要低於和小腿的平行線，小心肋骨要收好，小心保持頸椎中立。
» 小心肩胛骨不要過多活動。
» 留意動作過程中重心要維持在薦椎，不要放在腳跟。

呼吸方式

離心收縮時吸氣，向心收縮時吐氣。或是等長收縮時順暢呼吸。

正面觀　　　側面觀　　　45度角觀

進階正面觀　　　　　進階側面觀

退階 可以選擇縮小可動範圍，或是選擇先坐在椅子上再站起來。

進階 可以選擇加速或是選擇負重蹲，如圖。

Deadlift
硬舉

動作目的	關節動作	主要訓練肌肉
強化身體後側的穩定度、肌耐力和肌力	髖伸展	臀肌、腿後腱肌群、股四頭肌、豎脊肌群、腹橫肌、腹內外斜肌、斜方肌、背闊肌、前臂肌群

預備動作

● 採站姿，雙腳踩穩，兩腳可介於髖部和肩部之間，髖部、膝蓋、腳踝、第二根腳趾頭一直線。

● 雙腳排列可以微微外八，膝蓋中線要對齊第二根腳趾頭的位置。

● 起槓前，微微屈膝，屈髖，雙手握緊重量，正握、反握、或是正反握，抓握的地方在肩膀正下方。

● 先將脊椎延伸拉長，啟動核心肌群，將肚臍眼往下背部收縮，不要伸展脊椎，不要將肋骨前推。

● 保持肩胛骨中立，不要過度下壓。

● 視線平視前方，掌握平衡、重心和底面積支撐。

● 吸一口氣準備起槓，吸氣時不要鬆懈腹部。

動作方式

● 吐氣後，雙手握緊重量（如果有使用重量的話），雙腳腳趾頭張開，向下踩好，利用反作用力後，徵召臀部、整個背部、腿部，伸膝到不鎖住，伸髖到不前推，站直時不後屈脊柱，收緊核心。提起重量時，保持肩胛骨中立，上斜方要微微用力，不要過度下壓肩胛骨。保持頸椎中立，不要抬頭也不要低頭，視線平視前方。

運動傷害預防和優化訓練

» 動作過程中不要將關節過度伸展。
過程也不要做脊椎的動作，必須要
保持核心部的穩定度。

- 起槓站直時，從側面檢查，耳朵、肩峰、腹部中心點、大轉子、膝外髁
和腳踝外側排列成一直線。

- 吸氣（重量較輕時）或憋氣（重量較重時），同時從髖部屈曲，過程保
持核心收緊，進行髖部鉸鍊動作，曲髖但脊柱保持中立，沒有產生脊柱
動作，可以微曲膝，但不要蹲下去，保持肩胛骨中立，將重量順著大腿
前側下降到小腿脛骨前側，抓握的重量要盡量靠近身體，這個時候重心
要保持在雙腿中點的上方，不要往後坐，下降到自己身體可以承受的範
圍，在過程中頸椎保持中立，視線平視前方。

- 吐氣（重量較輕時）或憋氣（重量較重時），雙腳腳趾頭張開，向下踩
好，利用反作用力，徵召臀部、整個背部、腿部，伸髖到站直但不前推，
伸膝但不鎖住，站直時不後屈脊柱，收緊核心，肚臍眼靠近下背部。提
起重量時，保持肩胛骨中立，上斜方要微用力，不要過度下壓肩胛骨。
保持頸椎中立，不要抬頭也不要低頭，視線平視前方，站直後完成一下
動作。

- 站直時，再次從側面檢查，耳朵、肩峰、腹部中心點、大轉子、膝外髁
和腳踝外側排列成一直線。

呼吸方式

重量較輕時，離心收縮吸
氣，向心收縮時吐氣。
重量較重時，離心收縮時憋
氣，向心收縮時憋氣。

退階　可降低重量或是縮小可動範圍。

進階　可以增加重量或是增加速度或是減少底面積訓練。

Lunge
弓箭步

動作目的	關節動作	主要訓練肌肉
強化下半身肌耐力、肌力,提升平衡感,提升功能型動作能力	髖伸展、膝伸展、曲蹠	臀大肌、股四頭肌、腿後腱肌群、腓腸肌、比目魚肌

預備動作

- 站姿,雙腳前後相距約一條腿的距離,將後腳踮起,雙腳橫向步距與髖同寬,兩腳掌平行,第二根腳趾頭朝向 12 點鐘方向。
- 兩邊的髖部、膝蓋、腳踝和第二根腳趾頭排列成一直線。
- 骨盆不過度前傾和後傾,腰椎不要過度伸展。
- 脊柱保持延伸拉長的中立位置,核心要保持微微收緊,頸椎延伸拉長,視線平視前方。
- 肩胛骨保持中立位置。
- 如有重量,雙手手持重量在身體左右兩邊。

動作方式

- 吸氣的時候,從髖部開始動作,屈髖、屈膝、屈足背,保持握緊重量,將身體下降。
- 下降時,建議後膝蓋不要點地,以避免膝蓋撞擊地面,應該保持離心收縮穩定。

- 吐氣時，伸髖、伸膝、屈蹠，記得站起後，後腳跟不要往後踩下。
- 可以做雙腳前後踩穩的上下動作，原地弓箭步 Stationary Lunge。
- 也可以做輪替左右腳往後踩的動作，輪替弓箭步 Alternate Back Lunge。
- 也可以做輪替將左右腳往前踩的動作，輪替弓箭步 Alternate Front Lunge。

運動傷害預防和優化訓練

» 對於平衡感不好的人要小心不要跌倒，練習時可以給予支撐或縮小可動範圍。
» 對於體重過重的人要小心不要跌倒，練習時可以給予支撐或縮小可動範圍。
» 小心動作時腳不要外八。
» 小心動作時膝蓋不要內八。
» 小心動作時腰椎不要過度伸展。
» 小心動作時肩胛骨不要過度下壓。
» 小心動作時視線平視前方，保持頸椎中立位置。

呼吸方式

離心收縮時吸氣，
向心收縮時吐氣。

正面觀

側面觀

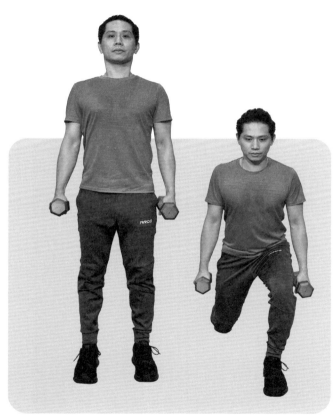

啞鈴負重輪替弓箭步

 退階　可以選擇降低重量或是扶著支撐進行動作,也可以縮小可動範圍。

進階　可以選擇加重、加速、或是選擇增加動作複雜度,比如說弓箭步之後接著
　　　抬腿到單膝站立。

Side Lunges
側弓箭步

動作目的	關節動作	主要訓練肌肉
強化下半身肌耐力、肌力,提升平衡感,提升功能型動作能力	髖伸展、膝伸展、曲蹠	臀大肌、臀中肌、股四頭肌、腿後腱肌群、腓腸肌、比目魚肌

預備動作

- 站姿,雙腳站左右相距大約一條腿的距離,膝蓋對齊第二根腳趾頭,第二根腳趾頭朝向 12 點鐘方向。雙腳向下踩穩。

- 保持骨盆中立位置,不前傾或後傾,保持脊柱延伸拉長,保持腰椎、胸椎、頸椎在中立位置。視線平視前方。

- 將核心收縮,肚臍眼往下背部收縮,不要將肋骨前凸。

- 穩定肩胛骨在中立位置,不要過度下壓或是上提,也不要過度內收和外展。

- 負重時,手持重量在左胸前或是肩膀上方。

動作方式

- 將重心穩定在雙腿中間正上方,吸氣時,屈髖和屈膝,將重量往右邊或是左邊下蹲到椅子的高度。

- 下蹲時保持下蹲那邊的髖部、膝蓋、腳踝、第二根腳趾頭對齊成一直線,側面觀時,軀幹中心線和小腿平行,記得視線平視前方。

- 吐氣時,從臀部發力,伸髖、伸膝,站回到預備位置。

- 動作可以用雙腳踩穩的方式進行，也可以用單腳收回、踩出的方式進行，或是用左右邊輪替的方式練習動作。
- 如果以單邊收回的方式練習的話，收回的單邊踩回與髖部同寬的位置。
- 如果以輪替收回的方式練習的話，輪替收回的腳踩回與髖部同寬的位置。

運動傷害預防和優化訓練

» 記得練習動作的時候，避免憋氣。
» 踩出去的腳不要外八。
» 伸直的腳不要外翻起來離地。
» 下蹲的時候，髖部、膝蓋、腳踝、第二根腳趾頭要對齊。
» 下蹲的時候，不要過度屈髖。
» 記得保持脊柱中立位置。
» 膝痛者應避免在疼痛範圍中訓練。
» 平衡不佳和體重過重者應先用椅子支撐或手扶支撐進行練習。

呼吸方式

離心收縮時吸氣，
向心收縮時吐氣。

負重正面觀

負重側面觀

退階 可以給予訓練者支撐，或是縮小可動範圍。

進階 可以加重、加速，或只加上抬腿到單腿平衡動作，或是加上轉向。

Seated Shoulder Press
坐姿肩推

動作目的	關節動作	主要訓練肌肉
強化上半身肌耐力、肌力，訓練核心穩定度，提升日常生活功能型動作能力	肩屈曲、肩外展、肘伸展	胸大肌（近上端）、三角肌前束、三角肌中束、肱三頭肌

預備動作

坐姿：

- 將臀部坐穩在坐墊上方，如有需要可將背部靠在背墊，維持骨盆中立，小心腰椎不過度伸展。

- 雙腳大約與髖部或肩部同寬，向下踩穩，兩腳平行排列，維持膝蓋 90 度，利用地板反作用力維持軀幹和上肢穩定。

- 肚臍眼往下背部收縮，維持核心穩定收縮，穩定脊柱，保持中立位置。

- 預備位置，可以先將手臂往肩膀上面伸直，保持腕關節中立，雙手緊握重量，肩胛骨保持穩定的位置。

動作方式

- 吸氣時，將重量往靠近額狀面或是矢狀面方向離心收縮下降重量，下降到手肘彎曲呈 90 度或到肩膀可以承受的可動範圍。

- 吐氣時，將重量上推，推回到肩膀正上方的預備位置。

- 反覆練習。

運動傷害預防和優化訓練

» 因為訓練時，是將重量往肩膀上面推，所以要特別注意往上推的時候，腰椎和胸椎不要過度後彎，以免造成椎間盤的壓迫或突出，特別要注意核心的穩定和保護脊柱。
» 記得不要憋氣。
» 記得骨盆要保持中立位置，才可以維持腰椎穩定。
» 記得雙腳要踩穩，雙腳踩穩不但有助於維持骨盆穩定，還可以產生反作用力維持動作穩定。

呼吸方式

離心收縮時吸氣，
向心收縮時吐氣。

正面觀

側面觀

退階 縮小可動範圍或是減輕重量，或是選擇斜上推，將背靠在背墊上，以減輕肩關節壓力。

進階 可以選擇站姿，減少底面積，或是選擇增加重量，或是加速，如果要選擇加速一定要先確認結締組織有足夠的強度和肌肉有足夠能力可以進行練習。

Standing Shoulder Press

站姿肩推

動作目的	關節動作	主要訓練肌肉
強化上半身肌耐力、肌力，訓練核心穩定度，提升日常生活功能型動作能力	肩屈曲、肩外展、肘伸展	胸大肌（近上端）、三角肌前束、三角肌中束、肱三頭肌

預備動作

站姿：

- 站直，兩腳掌平行，雙腳與髖部同寬，或是大約與肩部同寬，雙腳向下踩穩。
- 膝蓋對齊第二根腳趾頭，膝蓋微彎不鎖住。
- 維持骨盆中立位置，脊柱延伸拉長，肚臍眼往下背部收縮，維持腰椎和胸椎核心穩定。
- 肩胛骨維持在安定位置。
- 雙手緊握重量，選擇在額狀面和矢狀面之間預備動作，視個人肩膀可動範圍和想要加強的肌群選擇位置。

動作方式

- 吐氣時，收縮肩膀和手臂後側的肌群，將重量往正上方推。
- 向上推的過程中，保持核心收穩，脊柱中立。
- 上推之後，從側面檢查時，手腕、手肘、肩膀、耳朵、大轉子、膝外上髁、腳踝排列成為一直線。
- 吸氣時，離心收縮肩膀和手臂後側，以控制的方式將重量下降，回到預備位置。

運動傷害預防和優化訓練

» 因為是站姿，所以要注意膝蓋不要鎖住、腰椎
和胸椎不要過度前推。

» 注意頭不要往前伸。

» 向上推時要留意手肘不過度伸展。

» 選擇合適重量訓練，不要一下選擇太重的重量。

呼吸方式

向心收縮時吐氣，
離心收縮時吸氣。

正面觀

側面觀

退階 回到坐姿練習，或是選擇有背靠的器材練習，也可以減輕重量或是縮小可動範圍。

進階 可以選擇更重但是合理的重量，可以減少底面積的練習，也可以選擇單邊練習，或是選擇複合式動作，比如說蹲站加上推。

Pallof Press
派洛夫推/抗旋轉

動作目的	關節動作	主要訓練肌肉
提升核心穩定度	無	腹橫肌、腹內斜肌、腹外斜肌、腹直肌、豎脊肌群

預備動作

● 若採用站姿，將雙腳踩穩，與髖部或是肩部同寬，兩腳掌平行，第二根腳趾頭朝向 12 點鐘方向，膝蓋微彎，骨盆中立，腹部收緊，肩胛骨中立，脊柱中立延伸拉長，平視前方。雙手握緊纜繩重量器材的握把，預備位置時，將握把靠近胸口。

動作方式

● 吐氣時，將握把推離胸口，重點在於保持軀幹核心肌群等長收縮，對抗旋轉，推到手肘伸直不過度伸展後，進行反覆動作，吸氣時，將握把收回胸口前方。記得過程中，保持腹部收緊，啟動腹橫肌、腹內外斜肌，動作過程不可以鬆懈腹部，可多採用胸式呼吸。

● 動作節奏，可採用 4-2-1（離心 4 秒、等長 2 秒、向心 1 秒）的方式進行。

● 留意將握把推離胸口時，不要外展肩胛骨，維持肩胛胸廓關節穩定。也要記得避免在推出時，用身體重量偏移對抗旋轉。

運動傷害預防和優化訓練

» 動作過程中腰椎、胸椎、頸椎不要動作。
» 腹部不要鬆懈。
» 肩胛不要外展。
» 身體不要移動。

呼吸方式

等長收縮的時候順暢呼吸。

退階 可以採用單膝跪地的方式練習，會更加穩定。

進階 可用雙腳前後分腿的方式練習，因為底面積變化的關係，會更具挑戰性。

Rotation
旋轉

動作目的	關節動作	主要訓練肌肉
維持或是發展核心部位扭轉力量	脊柱旋轉	腹橫肌、腹內斜肌、腹外斜肌、多裂肌、腹直肌、（臀大肌、股四頭肌、腓腸肌、比目魚肌）

預備動作

● 站姿，雙腳踩穩與髖部或是肩膀同寬，膝蓋微彎，骨盆中立，腹部收緊，肩胛骨中立，脊柱延伸拉長，雙手向前伸直，手肘微彎，雙手握緊欲對抗阻力的握把，置於身體中線斜前方約 45 度角。

動作方式

● 吸氣準備，吐氣時將身體一邊的髖部伸展、膝蓋伸展、腳踝伸展，對抗阻力，轉向另一邊 90 度。吸氣時保持離心控制回到起始位置。節奏可以採取向心兩秒、離心兩秒進行。過程當中記得避免腰部過多轉動。

運動傷害預防和優化訓練

» 為了減輕腰椎壓力，所以在進行的時候，記得透過腳踩地面的反作用力，伸展髖關節、膝關節、踝關節。
» 要小心在扭轉的時候不要將身體重量傾在另外一邊，要記得保持脊柱延伸拉長。
» 要記得保持腹部收緊。

退階 可以降低重量或是縮小可動範圍。

進階 可以增加重量或是進階到用藥球以爆發力的方式訓練。

呼吸方式

向心收縮時吐氣，
離心收縮時吸氣。

Bench Chest Press
胸推

動作目的	關節動作	主要訓練肌肉
維持或發展胸、肩、手臂後側的穩定度、肌耐力和肌力	肩水平內收、肘伸展	胸大肌、喙肱肌、前三角、肱三頭肌

預備動作

● 仰臥姿，身體躺在舉重椅上，臀部在座墊上，膝蓋維持 90 度，膝蓋對好第二根腳趾頭，將雙腳踩穩地板。保持骨盆、腰椎、胸椎、頸椎中立，肩胛骨中立擺放在舉重椅上。雙手握緊欲對抗重量的握把，穩定置於肩膀正上方，保持手腕微彎不鎖住、手肘中立。腹部保持穩定收緊不要鼓起。

動作方式

● 吸氣時，彎曲手肘下降到 90 度置於胸口左右兩邊，下降的過程當中保持離心收縮控制肌肉，不要忽然落下，練習過程中維持前臂和地板垂直，並且保持手腕關節中立，雙手握緊對抗阻力的握把。

● 吐氣的時候，將雙腳踩穩地板，核心保持穩定參與，將胸大肌和前三角肌肉以及肱三頭肌向心收縮，用力將阻力推回到肩膀上方。

● 吸氣的時候向下，吐氣的時候向上，反覆練習動作。

● 記得練習動作過程中保持肩胛骨的安定位置，並且保持頸椎、胸椎、腰椎、骨盆安定的中立位置。要避免在動作時鼓起腹部，同時也盡量避免在動作過程中憋氣。

運動傷害預防和優化訓練

» 練習過程中記得保持脊椎、骨盆的中立位置。

» 練習過程中盡量避免憋氣。特別是有高血壓的同學。

» 練習過程中記得保持膝蓋 90 度，雙腳踩穩地面，膝蓋對好第二根腳趾頭。

» 過程中，也要注意保持肩胛骨的安定中立位置，避免多餘動作。

呼吸方式

離心收縮的時候吸氣，向心收縮的時候吐氣。

退階
» 可以減輕重量。
» 可以躺在地板進行練習。

進階
» 增加重量。
» 可以增加速度但是必須保持離心控制。
» 可以選擇不穩定平面練習動作。
» 可以選擇站姿進行動作。
» 可以選擇懸吊練習動作。

Seated Row
坐姿划船

動作目的	關節動作	主要訓練肌肉
維持或發展背部、肩膀後側、手臂前側的穩定度、肌耐力和肌力	肩伸展、肘屈曲	背闊肌、大圓肌、後三角、肱二頭肌、斜方肌中段、菱形肌

預備動作

● 坐姿，骨盆中立，坐骨坐穩，膝蓋維持 90 度，髖部、膝蓋、腳踝和第二根腳趾頭排列成一直線，兩腳腳掌平行，第二根腳趾頭對向 12 點鐘方向，將雙腳踩穩以形成反作用力。

● 坐穩，延伸脊柱，保持脊柱中立，腹部整圈收緊，維持核心穩定。雙手握緊欲對抗阻力的握把，維持中立握法，將手肘伸直，將肩胛骨擺放在中立位置後，準備開始動作。

動作方式

● 吐氣時，傾向用嘴巴噘嘴吐氣，啟動向心收縮背闊肌、後三角、肱二頭肌 1 至數秒，拉到手肘微微超過身體左右兩邊，盡可能維持手肘 90 度，也盡可能維持肩胛骨中立位置，注意要避免肩胛上傾或是上提或是手肘向外打開，動作過程也要注意在拉的時候，不要伸展脊柱，以避免椎間盤壓迫。拉的時候吐氣等長收縮停留 0 至 2 秒。

● 吸氣時離心收縮背闊肌、大圓肌、後三角和肱二頭肌 0 至 2 秒將手肘往前方伸直，反覆練習動作。

● 要留意動作範圍不要過大，也要留意肩胛的穩定位置，和留意背闊肌和肱二頭肌的肌肉參與比例，並且留意不要憋氣練習。

運動傷害預防和優化訓練

» 注意要避免肩胛上傾、上提或手肘向外打開。
» 動作過程要注意在拉的時候，不要伸展脊柱，以避免椎間盤壓迫。
» 要留意動作範圍不要過大。
» 要留意肩胛的穩定位置。
» 留意背闊肌和肱二頭肌的肌肉參與比例。
» 留意不要憋氣練習。

呼吸方式

拉的時候向心收縮，回到預備動作時吸氣。

 退階 可以減輕重量。

 進階 可以加重或是選擇可以加快速度的練習方式。也可以選擇不同姿勢練習，比如說用懸吊練習划船，或是站姿前俯用槓鈴練習划船動作。

MEMO

5.4

雙關節訓練動作

學習目標

- 了解、學習雙關節訓練動作。
- 學習如何指導學員安全、有效地練習雙關節訓練動作。

學習大綱

- Lat Pull Down 背闊下拉
- Pull Up 引體向上
- One Arm Row 單臂划船
- High Row 高划船
- Reverse Row 反向划船
- Push Up 俯立挺身
- Tricep Dip 撐體下推

Lat Pull Down
背闊下拉

動作目的	關節動作	主要訓練肌肉
啟動、維持、或發展背部和手臂的穩定度、肌耐力、肌力	肩內收、肩胛下旋、肘屈曲	背闊肌、大圓肌、胸大肌鎖骨端、胸小肌、菱形肌、肱二頭肌、肱肌、肱橈肌

預備動作

- 選擇下拉重量訓練機，依照體能評估結果選擇合適重量。

- 將手肘彎曲成 90 度後，以前臂的延長線，向上抓握橫桿，握緊之後，保持腕關節中立，先微微啟動背部和手臂的肌肉後，利用身體的重量坐在器材的坐墊上。

- 若採坐姿，將雙腳踩好與髖部或是肩部同寬，排列髖部、膝蓋、腳踝、第二根腳趾頭一直線，兩膝彎曲成 90 度，第二根腳趾頭盡量朝向 12 點鐘方向，或者維持膝蓋中線對齊第二根腳趾頭，以避免過多的膝蓋外旋。雙腳要確實踩穩，以利穩定骨盆和腰椎。

- 骨盆、腰椎中立，坐骨坐穩，脊柱延伸拉長，腹部整圈收縮，肩胛骨中立，保持頸椎中立，往頭頂方向拉長，平視前方。

- 吸一口氣後準備下拉。

動作方式

- 吐氣時，啟動背闊肌、大圓肌、胸大肌鎖骨端、胸小肌、菱形肌、肱二頭肌、肱肌、肱橈肌，向心收縮 1 至數秒，視目標練習，進行肩內收、肩胛下旋、肘屈曲將橫桿或握把從面部前方拉下來，大約將橫桿或握把拉到低於下巴或是靠近胸口，視個人可動範圍而定，肩收收時，提醒學員感覺肱骨從上背部像 V 字型的方向由上往下、由外往內收縮背闊肌。

- 等長收縮時吐氣，0 至數秒，視目標而定，要注意過度收縮背闊肌有可能導致肱骨內旋，應該要避免肱骨內旋和肩胛骨的上傾。
- 離心收縮肌群時吸氣，以控制的方式，離心收縮 1 至數秒，視目標練習，切記不要快速的離心收縮，因為很有可能會造成拉傷，也要注意離心收縮階段，肩胛骨不需要上提太多，可是因為考量肩肱節律，適當讓肩胛上旋轉和微微上提反而有助於關節自由地練習。
- 從預備位置到下拉的末端可動範圍再回到預備位置，即完成 1 下。
- 反覆練習至感覺痠後停下，記得站起身之後，雙手再放開重量，然後記錄該組的重量和次數。
- 通常建議練習 1 至 3 組。

運動傷害預防和優化訓練

- » 練習過程中千萬不要過度伸展腰椎，否則可能會造成腰部受傷。
- » 為了優化訓練，要確實收縮背闊肌，才不會只有練到手臂。
- » 頸後下拉會損傷肩關節，是已經被淘汰的訓練方式，請練習頸前下拉。
- » 為了優化訓練，下拉時應該避免前後搖晃身體，避免腰椎不必要的壓力，也避免用慣性讓動作變得輕鬆。

呼吸方式

向心收縮時吐氣，
等長收縮時吐氣，
離心收縮時吸氣。

正面觀

45 度角觀

退階 選擇較輕的重量,或是縮小可動範圍,或是改成坐姿划船。

進階 選擇較重的重量,或是練習引體向上,或是縮小底面積用站姿練習動作。

Pull Up
引體向上

動作目的	關節動作	主要訓練肌肉
啟動、發展背部、手臂肌耐力和肌力	肩內收、肩胛下旋、肘屈曲	背闊肌、大圓肌、胸大肌鎖骨端、胸小肌、菱形肌、肱二頭肌、肱肌、肱橈肌

預備動作

● 若背闊下拉可以拉接近自己的體重的話,可以開始挑戰引體向上。

● 站在把手下方,兩手肘彎曲成 90 度,以前臂的延長線向上抓,橈尺關節旋下,雙手緊握把手,保持肩胛骨中立,盡量避免在過度聳肩的位置開始。

● 若採站姿,將雙腳踩好或踮腳與髖部同寬,排列髖部、膝蓋、腳踝、第二根腳趾頭一直線,兩膝微彎,第二根腳趾頭維持 12 點鐘方向。膝關節微彎,雖然引體向上是強化上半身的動作,不過維持下半身關節的中立和正確位置有助於避免在下落時受傷。

● 維持骨盆、腰椎中立,脊柱延伸拉長,不建議過度伸展腰椎,腹部整圈收縮,肩胛骨中立,保持頸椎中立,往頭頂方向拉長,眼睛平視前方。

● 吸一口氣準備。

動作方式

● 吐氣時,向心收縮背肌和手臂的肌群 1 至數秒,視目標練習,拉起自己的重量至把手略低於下巴,旋下握時,盡量保持動作在額狀面進行,收縮主動肌讓手肘接近身體側邊。

● 等長收縮時,吐氣或是自然呼吸,視目標決定停留數秒練習,不要過度仰頭,保持頸椎中立。

- 離心收縮時吸氣，以控制的方式放下體重，離心收縮 1 至數秒，視目標練習，下降時可以保持雙腳離地，也可以在下降時雙腳踩回地面。
- 從手臂伸直的預備動作到拉起身體手肘靠近身體側邊再回到預備動作，即完成 1 下。
- 反覆練習動作到感覺痠後停下，記錄該組進行方式和反覆次數。
- 通常建議練習 1 至 3 組，視目標練習。

運動傷害預防和優化訓練

» 混合健身有一種擺盪式的引體向上，雖然擺盪可以增加反覆次數，不過擺盪讓動作利用慣性練習動作，所以反而讓力量輸出變少也可以完成動作，且由於擺盪又需要技巧，如果無法及時擺盪的話，有可能反而會造成運動傷害，所以不建議練習擺盪式引體向上。

» 為了避免運動傷害，不要後仰練習引體向上。

» 為了防傷，不要快速落下，以免拉傷。

» 為了優化訓練動作，請確實了解肩肱節律，肩胛骨會隨著肱骨內收和外展活動，肩外展超過 30 度以上，肱骨和肩胛是以均約 2:1 的方式活動，因此練習過程中應該保持肩胛骨正常活動，不應該抑制肩胛骨使其過度下壓，這樣可以有助於肩關節自由活動。

呼吸方式

吐氣時，向心收縮。等長收縮時，吐氣或是自然呼吸。離心收縮時吸氣。

退階 退回背闊下拉練習，也可以以半蹲的方式練習。

進階 增加重量，也可以增加離心收縮的時間。

旋下握法

旋上握法

中立握法

雙腳不離地版本

One Arm Row
單臂划船

動作目的	關節動作	主要訓練肌肉
啟動、維持、或發展背部和手臂的穩定度、肌耐力和肌力	肩伸展、肘屈曲	背闊肌、大圓肌、三角肌束、肱三頭肌的長頭、肱二頭肌、肱肌、肱橈肌

預備動作

● 根據檢測結果，選擇合適的重量，使用舉重椅進行動作。

● 若採單邊四足跪姿，將一膝蓋跪在舉重椅上，排列膝蓋在髖部下方，髖關節和膝關節維持 90 度。一手掌撐在舉重椅上，手肘、手腕在肩膀正下方，另一腳踩在地面，另一手握緊重量。

● 在單邊四足跪姿的位置，保持骨盆、脊柱中立，脊柱延伸拉長，不要低頭或抬頭，維持兩肩胛骨中立，手持重量的那一隻手在預備位置中自然垂放垂直地板。

● 吸一口氣準備。

動作方式

● 吐氣時向心收縮背肌和手臂的肌群 1 至數秒，將重量拉靠近身體，至手肘 90 度，保持手肘在身體側邊，拉到上臂和地板平行的位置。在拉的過程要維持肩胛骨穩定。拉到動作範圍末端的時候，不要內旋肱骨，也不要上傾肩胛骨。

● 等長收縮時，吐氣或是自然呼吸，停留的秒數視目標練習。注意不要憋氣。

● 離心收縮主動肌群 1 至數秒，視目標練習，將重量以控制的方式下降回預備位置（下降回到手肘、手腕在肩膀正下方），不需要肩屈曲，腕關節記得保持中立。

運動傷害預防和優化訓練

» 為了防傷，離心收縮階段要以控制的方式將重量下降，不要用自由落體的方式下降。

» 為了防傷和優化訓練，向心收縮後拉起來手肘的位置至軀幹旁邊即可，不需要拉超過身體太多，因為如果在拉的階段，手肘超過身體時，肩胛骨會容易上傾，反而給予肩膀不適當的壓力，也偏離了這個動作的訓練目的。

» 為了優化訓練，建議維持肩胛骨在上提和下收的中立位置，也建議盡量維持肩胛骨外展和內收的中立位置練習，並且應該允許在動作過程中肩胛骨有微小範圍的外展和內收，有助於在拉的時候保持肩關節的自由度，不建議在拉的動作練習中，過度後收下壓肩胛骨，因為那樣等於鎖住肩胛骨，不但會降低肩關節的自由度，也有可能過度收縮背肌，提升未來背痛的風險。

» 為了優化訓練和防傷，記得在練習的時候不要低頭，以免擠壓到呼吸道，也記得不要憋氣，以避免努責反應。[1]

1　努責反應／瓦爾薩瓦操作（Valsalva Maneuver）應用在運動中，指的是在舉重或是健力的高強度運動中，運動員深吸一口氣然後憋氣時用力完成動作方法，這樣的方式可以短暫增加胸腔和腹腔的壓力，維持軀幹剛性。其作用可以加核心穩定度，減少受傷風險。因為軀幹部位也就是脊柱周邊的剛性，使力量可以更有效輸出。一般建議憋氣不超過 3 至 5 秒，一般民眾或初學者，最多憋氣 1 至 2 即足夠。

不過，錯誤使用瓦式操作的話，如果憋氣超過 5 秒的話，有機率導致不良反應包括：血壓升高、頭暈或昏厥、視網膜壓力增加、中風的風險，因為憋氣時，胸腔壓力增加會壓迫主動脈，短暫將血液壓入動脈，使動脈血壓急遽上升，心跳反而變慢，如果持續憋氣，因為靜脈也受憋氣的胸腔壓力影響阻礙了靜脈血回流心臟，心臟會反射性地加快心搏，嘗試維持血壓和血液流量穩定。憋氣直到釋放憋氣並恢復正常呼吸時，靜脈血才會回流增強，此刻心臟輸出量瞬間增加，造成血壓急遽回升，回升後心跳才會再此減慢逐漸回復正常，當血壓回穩後，心臟輸出量和回心血量恢復後，心跳速率才會回復正常水平。

這樣瓦式操作的憋氣法，不適合於有心血管疾病、高血壓、眼壓容易高、腦壓容易高、容易頭暈目眩的人應用練習。

呼吸方式

向心收縮時吐氣。
等長收縮時吐氣或
自然呼吸。離心收
縮時吸氣。

退階　減輕重量，或是用四足跪姿練習，或是以坐姿划船的方式練習。

進階　增加重量，或是以站姿前俯單邊划船的方式練習。

High Row
高划船

動作目的	關節動作	主要訓練肌肉
啟動、維持或發展上背部、肩膀後側與手臂前側的穩定度、肌耐力、肌肉量或肌力	肩水平外展、肩胛內收、肘屈曲	三角肌後束、棘下肌、小圓肌、斜方肌中段、菱形肌、肱二頭肌、肱肌、肱橈肌

預備動作

● 根據檢測結果選擇合適的訓練方式和重量，可使用滑輪機和舉重椅。

● 若採坐姿，將滑輪鋼索調整到與肩膀同高的位置，雙手握緊握把後坐在舉重椅上。

● 將雙腳踩好與髖部或是肩部同寬，排列髖部、膝蓋、腳踝、第二根腳趾頭一直線，兩膝彎曲成 90 度，第二根腳趾頭盡量朝向 12 點鐘方向，如果沒有朝向 12 點鐘方向的話，應該維持膝蓋中線對齊第二根腳趾頭，避免過多的膝蓋外旋。雙腳要確實踩穩，以利形成反作用力。

● 骨盆、腰椎中立，脊柱延伸拉長，腹部整圈收縮，肩胛骨中立，保持頸椎中立，往頭頂方向拉長，眼睛平視前方。

● 雙手臂和地板平行，雙手旋下握法，握緊握把，吸一口氣準備開始動作。

動作方式

● 吐氣時，啟動菱形肌、斜方肌中段、棘下肌、小圓肌、三角肌後束，向心收縮上背、肩膀後側和手臂前側肌群，將手肘以水平面的方式拉向身體外側和後方，向心收縮約 1 至數秒，拉到手肘到肩膀旁邊，手肘屈曲可低於 90 度，不要過度屈曲手肘，專注點在背部和肩部的收縮感覺。

● 等長收縮時，吐氣或是自然呼吸，0 至數秒，視目標練習。

● 離心收縮時，以控制的方式回到預備位置，離心收縮 1 至數秒，視目標練習，過程保持動作在水平面上進行，避免手肘墜下往身體靠近，那樣

會變成低划船，也要小心手肘不要高於肩膀，預防運動傷害。

- 從預備位置到手肘拉到身體左右兩邊到回到預備位置，即完成 1 下。
- 反覆練習動作到感覺痠後停下，記錄該組的重量和次數。
- 通常練習 1 至 3 組，視目標而定。

運動傷害預防和優化訓練

» 為了防傷，練習時應該保持肩胛骨中立，不要過度下壓肩胛骨，以免擠壓背部肌群，造成急性或是慢性疼痛。

» 為了防傷，練習時應該維持骨盆和腰椎中立，不要代償做出脊柱伸展動作，也不要用身體前後搖晃的方式以動量讓動作變得簡單。

» 為了優化訓練，拉的時候肩胛骨應該會有所活動，向心收縮時肩胛骨會靠近胸椎，離心收縮時肩胛骨會自然遠離胸椎，可是不需要刻意做肩胛活動，過程腰椎、胸椎、胸椎都該保持延伸拉長狀態。

» 為了防傷和優化訓練，肱骨拉的方向應該往水平面靠近，可是手肘不可以高於肩膀，以免造成肩夾擠症候群。

呼吸方式

向心收縮時吐氣。
等長收縮時吐氣或
自然呼吸。離心收
縮時吸氣。

退階 選擇較輕的重量，或選擇縮小可動範圍，或是提供背靠練習動作。

進階 選擇較重的重量，或是選擇減少支撐底面積，以站姿的方式練習。

Reverse Row

反向划船（澳式划船）

動作目的	關節動作	主要訓練肌肉
維持、或發展上背部和肩膀後側的穩定度、肌耐力或肌力	肩水平外展、肩胛內收、肘屈曲	菱形肌、斜方肌中段、三角肌後束、棘下肌、小圓肌、肱二頭肌、肱肌、肱撓肌

預備動作

● 根據檢測結果選擇合適訓練方式和重量，可選擇史密斯機或舉重椅和滑輪鋼索機。

● 若採懸空式的仰臥姿，雙手以手肘 90 度的延長線抓握橫槓，採旋下的封閉握法，雙手握緊槓後，將手臂伸直，保持九成五微彎。

● 將雙腳踩穩地板，第二根腳趾頭盡量對齊 12 點鐘方向，排列髖部、膝蓋、腳踝、第二根腳趾頭一直線，膝蓋維持 90 度，確實將雙腳往地板踩以形成反作用力。

● 保持臀部穩定參與用力，將骨盆穩定在空中，維持骨盆、腰椎中立，腹部整圈收緊，啟動腹橫肌和腹內外斜肌。

● 將脊柱延伸拉長，維持身體中心線和地板平行，在預備位置時啟動菱形肌和斜方肌中段，將肩胛骨內收到中立位置，但不要過度內收，也要留意不要上提或是下沉肩胛，記得要將頸椎延伸，微微收下巴以保護頸椎，視線平視前方。

● 吸一口氣準備開始動作。

動作方式

- 吐氣時,保持收縮菱形肌和斜方肌中段穩定肩胛骨,向心收縮三角肌後束、棘下肌和小圓肌、肱二頭肌、肱肌、肱橈肌,向心收縮 1 至數秒,視目標而定,肩水平外展至兩肘在身體左右兩邊略低於肩膀,將肘屈曲至 90 度,過程保持手腕中立。

- 等長收縮時,吐氣或是自然呼吸,保持收縮 0 至數秒,視目標而定。

- 離心收縮時吸氣,以穩定且控制的方式將身體下降至預備位置,離心收縮主動肌 1 至數秒,視目標而定,千萬要小心不要以自由落體的方式將身體下墜,這樣很容易產生傷害。

- 從預備位置到將身體拉起至兩肘到身體兩邊再回到預備位置,即完成 1 下。

- 反覆練習到感覺痠後停下,並且記錄該組重量和次數。

- 通常練習 1 至 3 組,視目標而定。

運動傷害預防和優化訓練

» 為了防傷害和優化,練習該動作的時候應該保持肩胛骨在中立位置,不應該以聳肩或是過度下壓肩胛的方式練習,以避免傷害。

» 為了預防肩夾擠症候群,練習的時候兩手肘應該低於肩膀練習,不可高於肩膀。

» 為了預防拉傷和軟組織受傷,離心收縮不應該用自由落體的方式下墜,要以穩定控制的方式練習。

» 為了防傷和優化,應該要保持脊柱延伸拉長和核心穩定參與用力,不可以仰頭或是過度伸展腰椎的方式練習。

側面觀

退階 在預備位置的時候選擇躺在舉重椅上，反覆動作時也可以躺回舉重椅，這樣可以讓動作變簡單，可是也會縮短肌肉承受壓力的刺激時間。或是在退階時選擇坐姿高划船即可。或是躺在舉重椅上用滑輪鋼索練習也可以。

進階 可減少底面積，像是將雙腳伸直或是將雙腳放在舉重椅上方練習。或是用懸吊繩練習增加不穩定性，進階過程中記得循序漸進，以安全有效的訓練為主。

— 211 —

Push Up
俯立挺身

動作目的	關節動作	主要訓練肌肉
維持、或發展胸、肩膀、手臂後側的穩定度、肌耐力、肌力	肩水平內收、肘伸展	胸大肌、三角肌前側、喙肱肌、肱三頭肌

預備動作

- 根據檢測結果選擇適合的訓練方式，可以選擇掌推地練習，也可以選擇手握史密斯機的槓鈴練習。

- 若採掌推地的方式練習，先從四足跪姿預備，將雙掌分開寬於肩寬，寬度約為肘曲時可以到 90 度的位置，兩掌在胸線左右兩邊，將十隻手指頭打開推滿地板，虎口不要離地，保持手腕中立在舒適的位置上，穩固地抵住地面，建立穩定的支撐底面積，以利形成反作用力。

- 從四足跪姿將雙腳往後踩，兩腳與髖部同寬，排列髖部、膝蓋、腳踝、和第二根腳趾頭一直線，啟動臀部微微用力參與，啟動股四頭肌微微用力參與保持膝蓋伸直到九成五微彎。

- 若要降低強度的話，彎曲膝蓋，將兩大腿前側點地，可以避免髕骨接觸地面，雖然彎曲膝蓋，可是記得要保持髖部伸展，維持軀幹和大腿排列成為一直線。

- 若採用直腿的方式，記得也要維持軀幹部和大腿排列成為一直線。

- 將腿往後伸之後，形成平板式，記得啟動腹部，將肚臍眼往下背部收縮，啟動腹橫肌，維持骨盆、腰椎、胸椎、頸椎中立位置，從側面檢查時，耳垂、肩峰、胸廓中心點、大轉子、膝蓋外側髁、腳踝外側排列成為一直線，就像中立站姿一樣。

- 肩胛骨微微外展，可是不要過度外展。記得保持手肘微彎不要過度伸展。
- 吐一口氣，準備開始動作。

動作方式

- 吸氣時，將手肘往胸線左右兩邊打開做肩水平外展，手肘不可高於肩膀，離心收縮胸大肌、三角肌前側、喙肱肌，同時將手肘屈曲離心收縮肱三頭肌，控制身體下降至手肘彎曲約 90 度，離心收縮 1 至數秒，視目標而定，下降至胸口離地約與前臂同高，留意在下降身體時，保持身體中心線中立。
- 等長收縮時，自然呼吸或是吐氣，保持收縮 0 至數秒，視目標而定。
- 吐氣時，向心收縮胸大肌、三角肌前側、喙肱肌、肱三頭肌，將身體推回預備位置，向心收縮 1 至數秒，視目標而定，要記得留意不要讓手肘過度伸展而鎖住關節。
- 反覆進行動作直到感覺到主動肌痠之後停下，記錄該組數進行的方式、重量和次數。
- 通常練習 1 至 3 組，視目標而定。

運動傷害預防和優化訓練

» 為了避免肩夾擠症候群，練習動作過程，應該保持手肘低於肩膀，曲肘時排列手肘在身體左右兩邊，對齊胸線的位置。

» 為了避免手腕壓力分佈不均而造成的手腕疼痛，手推地時應該保持手腕中立並將十隻手指頭打開，鋪平推滿地板，有利於分散腕部承重的壓力。

» 練習過程中，應該保持身體中心線中立，頭部不可以垂下來，應該保持頸椎延伸拉長，以避免頸椎產生不當的壓力。為了防傷和優化動作，練習過程中，應該維持胸椎和腰椎的中立位置，不應該以腰椎過度伸展的方式練習動作，務必要保持腰椎中立和肚臍眼往下背部收縮的發力。

» 為了防傷和優化動作，手肘伸直的時候應該保持九成五微彎，不可以過度伸展手肘以避免給予關節面過多壓力。

» 練習過程應該順暢呼吸，不應該憋氣練習。特別要提醒有高血壓的學員，一定不可以憋氣練習，以免發生意外。

 可選擇屈膝的方式練習，或是選擇以站姿斜平板的方式推史密斯機的槓。

 選擇減少底面積，抬起單腿進行練習，或是選擇將雙腳放在懸吊繩上練習，或是選擇雙腳在地板，手推懸吊繩的握把進行練習。

呼吸方式

吸氣時，離心收縮。
等長收縮時吐氣或
自然呼吸。向心收
縮時吐氣。

Tricep Dip
撑體下推

動作目的	關節動作	主要訓練肌肉
啟動、維持、或發展斜方肌下段、胸肌、肩膀前側、手臂後側的穩定度、肌耐力和肌力	肩屈曲、肘伸展	前三角、胸大肌、肱三頭肌。斜方肌下段和胸小肌以穩定肌的方式訓練

預備動作

● 根據檢測結果選擇合適的方式訓練，可以選擇器械、雙槓或舉重椅練習。若選擇舉重椅的話要注意舉重椅的穩定度，不可選擇太輕的舉重椅以避免危險。

● 一般強度可選擇雙槓練習，將雙槓設定在站直、手臂伸直的身體左右兩邊，吐氣時向下推，將身體撐起懸浮於空中，退階時，雙腳往前走一小步，雙腳不離地，身體會微微後傾，手臂會在身體後方，握緊握把，記得保持髖部、膝蓋中線、腳踝和第二根腳趾頭排列成一直線。

● 都微微收緊腹部，保持核心穩定，小心肋骨不要前凸，保持脊柱延伸拉長，後傾可是不要後仰，小心不要低頭，保持平視前方。

● 穩定肩胛骨在上提和下壓、外展和內收中間的中立位置，吐一口氣準備。

動作方式

● 吸氣時，離心收縮胸大肌、三角肌前束、肱三頭肌，進行肩伸展、肘屈曲，若採退階的話，雙腳不離地同時搭配髖屈曲、膝屈曲，離心收縮主動肌將身體下降，保持手臂在身體左右兩邊，不要將手肘向外打開，離心收縮主動肌約 1 至數秒，視健身目標而定，不可瞬間落下，以避免肌肉拉傷，離心收縮時肩伸展約 20~60 度，肘屈曲約 90 度，上臂可接近與地板平行，視肩關節可動範圍而定。

- 離心收縮時，頭不要往前伸。

- 如果身體前傾角度越大，胸大肌參與越多。

- 可在可動範圍底端等長收縮 0 至數秒，視目標而定，可是不要在可動範圍末端伸展。

- 吐氣時，向心收縮胸大肌、三角肌前束、肱三頭肌 1 至數秒，用上半身的主動肌將身體重量推回預備位置，推到手肘伸直但不要過度伸展，肌力足夠的可以將雙腳離地，等長收縮零至數秒，視目標而定。

- 反覆進行動作直到感覺到主動肌痠之後停下，記錄該組數進行的方式、重量和次數。

- 通常練習 1 至 3 組，視目標而定。

運動傷害預防和優化訓練

» 為了防傷，離心收縮時不可以以自由落體的方式落下，以避免傷害。

» 為了優化訓練和防傷，練習時請以肩胛骨穩定的方式練習，如果要孤立化強化斜方肌下段的話，可以單純孤立化練習肩胛上堤和下壓動作。

» 為了避免運動傷害，如果用雙槓撐起自體重量時會搖晃不穩的話，建議以雙腳不離地的方式練習，或是選擇器械的方式練習比較安全。

呼吸方式

離心收縮的時候吸氣。等長收縮時吐氣或自然呼吸。向心收縮時吐氣。

退階方式：雙腳著地

 退階　選擇以器材的方式練習，先選擇較輕的重量。

進階　選擇雙槓的方式練習，並且是以雙腳離地方式練習，如果能力強的話，可以將鐵鍊掛在脖子上練習，或是將重量掛在腰帶的方式負重練習。

MEMO

單關節訓練動作

學習目標

- 了解、學習單關節訓練動作。
- 應用單關節訓練動作於健身教學指導。

學習大綱

髖關節

- Hip Extension 髖伸展
- Hip Flexion 髖屈曲
- Hip Abduction 髖外展
- Hip Adduction 髖內收

膝關節

- Knee Extension 膝伸展
- Prone Knee Curl 膝屈曲

踝關節

- Standing Calf Raise 舉踵
- Dorsiflexion 足背屈

肩關節

- Chest Fly 胸飛鳥
- Reverse Fly 後飛鳥
- Front Raise 肩前舉
- Lateral Raise 肩側平舉
- Pull Over 拉舉

- Shoulder External Rotation 肩外旋

胸廓肩胛關節

- Shrug 提肩胛
- Dip 肩胛下收
- Scapula Protraction/Abduction 肩胛外展
- Scapula Retraction/Adduction 肩胛內收

肘關節

- Bicep Curl 肱二頭肌彎舉
- Tricep Extension 肱三頭肌伸展

腕關節

- Wrist Flexion 腕屈曲
- Wrist Extension 腕伸展

頸椎

- Neck Flexion 頸屈曲
- Neck Lateral Flexion 頸側屈
- Neck Extension 頸伸展

Hip Extension
髖伸展

動作目的	關節動作	主要訓練肌肉
啟動臀肌。啟動、維持、發展臀部肌耐力和肌力	髖伸展	臀大肌

預備動作

● 採站姿,單關節訓練動作。考量該動作為單關節且是長槓桿訓練動作,根據體能檢測和現況選擇合適重量後。

● 先以高跪姿將綁帶綁在欲強化的那一邊的腳踝上後,起身站起,將另一隻支撐腳踩穩地面,保持支撐腳那一邊的髖部、膝蓋中點、腳踝、第二根腳趾頭排列成一直線,維持腳踝關節中立位置。

● 盡量維持骨盆和腰椎中立,保持脊柱延伸拉長在中立位置,雙手可扶著前方支撐物以形成反作用力有利於進行動作,記得保持頸椎延伸拉長,視線平視前方。

● 將欲訓練的那一邊的髖部微微外旋靠近 45 度後,準備開始動作。

動作方式

● 吐氣時,利用支撐腳(和手推支撐物)的反作用力,保持核心整圈收緊後,啟動臀大肌,用臀部的力量對抗重量將腳往後抬起 10 到 15 度,向心收縮時大約 2 到 3 秒,記得過程避免用爆發力的方式進行,確實地讓臀大肌參與,啟動臀肌,髖伸展動作範圍進行到骨盆不前傾,腰椎沒有動作為原則。

● 視健身目標而定可以練習等長收縮,在末端可動範圍保持收縮 0 至數秒,吐氣或自然呼吸。

- 吸氣時離心收縮大約 2 到數秒，確保臀大肌的參與，慢慢將腳放回原本預備位置。反覆練習該動作直到肌肉有痠的感覺為目標。
- 在學員身體或心理疲勞的時候停下休息，並且記錄該重量可以練習準確動作幾下。
- 通常建議反覆練習 1 到 3 組。

運動傷害預防和優化訓練

» 支撐腳要踩穩，避免腳外八、足弓塌陷、膝內扣、膝過度伸展、骨盆前傾、腹部放鬆、脊椎活動、低頭。
» 動作時不要用腰部或是腿後代償動作。
» 用力時不要用甩或是用動量擺盪練習。
» 練習過程中不要憋氣。

呼吸方式

向心收縮的時候吐氣，
就是將腳往後抬遠離身
體的時候。
離心收縮的時候吸氣，
就是將腳收回預備動作
的時候。

退階 選擇降低重量或是回到地板橋式練習雙腳再單腳的橋式。

進階 選擇將髖部不外旋，保持膝蓋、腳尖對齊 12 點鐘方向的練習臀大肌強化。也可以選擇單腿「早安您好」（單腿髖鉸鍊動作負重在上背部）的練習，同時可以訓練到平衡感。

Hip Flexion
髖屈曲

動作目的	關節動作	主要訓練肌肉
啟動或恢復屈髖肌群穩定度，或發展肌耐力和肌力	髖屈曲	股四頭肌的股直肌、髂肌、腰大肌、腰小肌（如果有的話；約有四成的人沒有腰小肌）、縫匠肌

預備動作

- 根據體能檢測結果選擇合適的訓練方式，可以選擇躺在墊上、躺在舉重椅上或是利用滑盤、懸吊方式練習。

- 若是選擇仰臥在舉重椅上的練習方式的話，將滑輪調整到約和髖部一樣的高度，將綁帶綁在其中一隻腳的中足部位，保持勾腳趾，以避免綁帶滑落，另一隻腳放在地上。

- 接著，躺下來仰臥在舉重椅上，將腿往滑輪的方向伸直，躺穩在舉重椅上，維持臀部、背部、頭部接觸椅面，維持髖部、膝蓋、腳踝、第二根腳趾頭一直線排列。

- 維持脊柱延伸拉長，肩胛骨平放在椅面上，盡量保持骨盆中立位置，小心不要過多前傾，也要小心腰椎不要過度前凸，大約維持下背和椅面有一個手掌的高度，控制肋骨不要前凸，維持腹部整圈收緊。

- 吸一口氣準備。

動作方式

- 吐氣時啟動和向心收縮髂腰肌、股直肌、縫匠肌，將大腿、膝蓋往 12 點鐘方向抬起，可屈髖約 120 度，向心收縮約 1 至數秒，視健身目標而定，動作過程中屈膝，保持小腿大約與地板平行，可避免綁帶滑落，動作過

程中應保持髖部、膝蓋、腳踝和第二根腳趾頭一直線,膝蓋不要向內、腳不要外八,大腿不要內收或外展。

- 視健身目標而定,可練習等長收縮 0 至數秒,吐氣或是正常呼吸,注意不要憋氣。

- 吸氣或吐氣時,保持腹部整圈收緊,離心收縮屈髖肌群,離心收縮 2 至數秒,離心階段要保持控制的方式將大腿和小腿往 6 點鐘方向下降回到預備位置,要留意不要以自由落體的方式快速下降,以免拉傷。

- 反覆練習的時候要留意方向感,無論是滑輪、懸吊或是滑盤都應該以髖部、膝蓋、腳踝、第二根腳趾排列成一直線的方式練習才會安全,記得不要將兩膝蓋靠在一起練習,以免增加半月軟骨或是韌帶異常壓力。

- 從預備位置到抬起膝蓋再回到預備位置即完成一下,反覆練習到痠之後停下,登記該組的重量和次數。

- 通常反覆練習 1 到 3 組,視健身目標而定。

運動傷害預防和優化訓練

» 因為考量髂腰肌連接在小轉子上,在力學上是屬於第三類的費力槓桿,所以建議一開始從輕重量開始才不會拉傷。

» 在練習的時候記得要維持腹部整圈收緊,不要凹腰或是骨盆前傾太多,以避免腰椎損傷。

» 在屈髖和伸髖的時候,要記得往 12 點鐘和 6 點鐘方向反覆練習動作,以利防傷和優化動作。

» 練習動作時記得維持髖部、膝蓋、腳踝、第二腳趾頭的排列,以避免代償,也避免半月軟骨和韌帶的異常壓力。

呼吸方式

向心收縮時吐氣。等長收縮時吐氣或是自然呼吸。離心收縮時吐氣或吸氣，吐氣的話比較可以為持腹部整圈收緊的狀態，可以保護腰椎。

退階 選較輕的重量練習，或是縮小可動範圍，或是增加支撐底面積，比如說躺在地墊上練習。

進階 選擇較重的重量，或是減少底面積支撐，比如說地用懸吊繩，將雙腳勾在腳套上，雙手掌撐地，練習屈髖動作。

Hip Abduction
髖外展

動作目的	關節動作	主要訓練肌肉
啟動髖部外展的肌群。維持、發展髖部外展的肌耐力或肌力	髖外展	臀中肌、臀小肌、闊筋膜張肌

預備動作

● 採站姿,考量此動作是單關節、長槓桿的訓練動作,選擇合適的訓練重量後,站在重量來源的旁邊,以弓箭步姿,將綁帶綁在想要強化的那一邊。

● 起身站回後,將支撐腳踩穩地板以形成反作用力,保持支撐腳的髖部、膝蓋中點、腳踝、第二根腳趾頭對齊一直線。

● 第二根腳趾頭對準 12 點鐘方向,重心維持在大約薦椎的位置,支撐腳那一邊的手可以扶著支撐物。

● 盡可能保持髖部、腰椎不要活動,維持脊柱延伸拉長,維持肩胛骨、頸椎中立。

● 吸一口氣準備開始動作。

動作方式

● 吐氣時,啟動臀中肌、臀小肌、闊筋膜張肌,將訓練邊的那一隻腳抬離地板、遠離身體中心線進行外展動作大約至 45 度。

● 過程中保持向正外側抬起,避免有向前或是向後的外展。

● 記得保持膝蓋微彎,不要過度伸展膝蓋。

- 留意進行動作的時候，上半身不要往旁邊側傾，也盡量避免產生軀幹側曲的動作。

- 向外展的時候，向心收縮 2 到 3 秒，向內收回的時候，離心收縮大約 2 到 4 秒。

- 如欲提升穩定度的話，可以在外展到最大可動範圍的時候，等長收縮 1 至 2 秒。

- 吸氣時，回到預備動作。

- 反覆練習動作到目標肌群有些痠痛感覺，並且記錄該組重量和次數，建議訓練 1 到 3 組。

運動傷害預防和優化訓練

» 練習的時候，留意支撐腳足弓不要塌陷、避免膝內扣、膝蓋過度伸展、骨盆前傾或後傾、脊柱活動、腹部放鬆、低頭。
» 動作時不要用腰部代償或是沒有啟動臀中肌。
» 用力時不要用甩或是用動量擺盪練習。
» 練習過程中不要憋氣。

呼吸方式

吐氣的時候向心收縮，也就是將
腳抬離身體中心線時。
吸氣的時候離心收縮，也就是將
腳收回預備位置的時候。
也可以延長吐氣時等長收縮，有
助於提升穩定度。

退階 降低重量，或是回到地板，選擇側臥姿側抬腿練習。

進階 選擇提升重量或是選擇練習動態交替側弓箭步。

Hip Adduction
髖內收

動作目的	關節動作	主要訓練肌肉
啟動、維持、或發展大腿內側穩定度、肌耐力和肌力	髖內收、髖水平內收	內收長肌、內收大肌、內收短肌、股薄肌、恥骨肌

預備動作

- 根據檢測結果選擇合適的方式訓練，可以選擇坐姿機器、或站姿使用鋼索機或選擇站姿滑盤練習，根據訓練目的進行訓練。

- 若以站姿方式進行的話，將雙腳踩穩與髖同寬，髖部、膝蓋、腳踝、第二根腳趾頭排列成一直線，保持雙腳平行排列、膝蓋微彎、骨盆中立、脊柱延伸拉長，核心微微收緊，維持肩胛骨中立，兩手肘可以屈起來以運動員姿勢準備。

- 將綁帶綁在欲加強那條腿的腳踝上，另一支撐腿踩穩以維持平衡感，維持第二根腳趾頭對向前方，練習動作過程中腳不要外八和內八。

- 吸氣時準備。

動作方式

- 重心維持約在薦椎，上半身維持穩定，胸口和鼻尖保持對向前方。

- 吐氣時，從髖外展約 30 ～ 45 度角的位置，啟動和向心收縮內收長肌、內收短肌、內收大肌、股薄肌、恥骨肌，往身體中心線內收，過程約 2 至 4 秒，內收至雙腿併攏或橫跨身體中線至支撐腳前方。

- 等長收縮時可以吸氣，等長收縮 0 至數秒，視目標而定，也可以不要等長收縮直接離心收縮回來預備位置。

- 吸氣時，控制地離心收縮內收長肌、內收短肌、內收大肌、股薄肌、恥

骨肌，離心收縮約 2 至數秒，小心離心收縮外展時不要放鬆，以避免拉傷。

- 從外展姿到內收，返回到外展姿即完成一下。
- 反覆練習動作到痠即完成一組，記錄該組重量和次數。
- 通常練習 1 至 3 組，視健身目標練習。

運動傷害預防和優化訓練

» 為了防傷和優化訓練，可以手扶支撐物協助維持平衡。

» 為了防傷和優化訓練，離心收縮進行髖外展的時候，應該以控制的方式練習以避免拉傷。

» 為了確實訓練大腿內收肌群，將股骨外展和內收的時候，不要將股骨外旋，保持第二根腳趾頭對向 12 點鐘方向，才可以確實訓練內收肌群。

» 為了防傷，在股骨外展的離心收縮時，應該控制外展的可動範圍，大約至 45 度即可，避免以外展幅度越大越好的方式練習，以預防肌肉、肌腱、韌帶損傷。

呼吸方式

離心收縮時吐氣或吸氣。
等長收縮時吸氣。
向心收縮時吐氣。

退階 可以縮小可動範圍，或是改成側臥姿支撐身體，將大腿內收。

進階 可以選擇增加負荷，記得量力而為，循序漸進。

Knee Extension

膝伸展

動作目的	關節動作	主要訓練肌肉
啟動股四頭肌。啟動、維持和強化股四頭肌	膝伸展	股四頭肌：股直肌、股中間肌、股外側頭、股內側頭

預備動作

- 以開放鍊的方式練習，採坐姿，選擇合適重量，將坐骨坐穩，維持骨盆和腰椎中立，脊柱延伸拉長，核心保持穩定收縮，肩胛骨維持中立，頸椎維持穩定中立。

- 將兩大腿和兩小腿排列成平行，膝蓋不要內夾，膝蓋樞紐關節位置對準器材的主轉軸。

- 兩腳掌維持平行，避免內翻和外翻，腳也不要外八或內八，第二根腳趾頭對準 12 點鐘方向。

- 如果器材上有手握的把手的話，可以將雙手握緊把手，有助於練習的穩定性。

- 吸一口氣，準備開始動作。

動作方式

- 傾向用嘴巴吐氣，吐氣的時候，啟動向心收縮股四頭肌將膝蓋伸直。

- 視訓練目的，如果是訓練穩定度的話，可以在伸直的時候等長收縮停留 1 到 2 秒，也可以在膝蓋伸直的時候確認股四頭肌內側頭有參與動作和收縮。雖然會將膝蓋伸直，可是不要過度伸展膝蓋超過 180 度，也不可以用爆發力的方式在器材或是滑輪鋼索機器上練習，因為加速度產生的動量，可能會造成腿後拉傷，也有可能在重量飛起和落下的時候造成股四頭肌拉傷。

- 吸氣的時候，離心收縮股四頭肌將膝蓋屈曲回到預備動作，離心收縮時候還是要保持股四頭肌的參與。
- 反覆進行動作到感覺肌肉有些痠的感覺，然後記錄該重量和次數。
- 建議練習 1 到 3 組，組間休息可以視情況調整，每一組也可以依照當下的肌肉狀態調整和選擇該組的合適重量。

運動傷害預防和優化訓練

» 很多人因為認為這是很簡單的動作，所以會疏忽了在預備動作時候的關節排列，應該在預備動作的時候就確認好骨盆、腰椎、脊椎、肩胛骨的中立安定位置。

» 雖然是練習股四頭肌的動作，可是在練習該動作的時候，也應該要保持核心整圈收緊的穩定用力。

» 在預備位置的兩大腿和小腿都應該要平行排列，不應該有膝蓋內扣的動作。

» 在練習動作的過程當中要避免股骨的內旋和外旋。

» 訓練可動範圍大約控制在膝關節 90 度到 0 度即可。

» 記得不要用爆發的方式在器材上訓練，以避免動量造成的傷害風險。

正面觀

45 度角觀

呼吸方式

吐氣的時候向心收縮。
吐氣的時候等長收縮。
或是等長收縮的時候
自然呼吸。
吸氣的時候離心收縮。

 覺得太重的話，退階可以降低重量練習。
也可以縮小可動範圍練習。或選擇在 0 度的位置練習等長收縮。

 可以選擇加重，也可以用金字塔訓練法練習。
也可以選擇用單腿的方式練習。

Prone Knee Curl
俯臥膝屈曲

動作目的	關節動作	主要訓練肌肉
啟動、維持或強化腿後腱肌群,包括股二頭肌長頭和短頭、半腱肌、半膜肌	膝屈曲	腿後腱肌群:股二頭肌長頭和短頭、半腱肌、半膜肌

預備動作

● 選擇合適重量之後,採俯臥姿,面朝下趴在墊上,將雙腿伸直,兩腳、兩膝蓋與髖部同寬,將雙小腿靠近腳踝位置處靠緊負荷重量的靠墊上,保持膝蓋微彎,將膝關節位置對準所使用器材的軸,以利關節動作。

● 維持髖部、腰椎中立位置,將腹部貼在墊上,避免屈髖,保持脊柱延伸拉長在中立位置上,維持身體中心線。

● 維持肩胛骨中立,雙手可以抓握在器材有提供握把的把手或是在舉重椅下方,以利形成反作用力,穩定上半身。

● 維持脊椎中立,避免過度伸展頸椎,也不要過度屈曲頸椎,有助於暢通呼吸道。

● 吸一口氣預備。

動作方式

● 吐氣的時候,向心收縮腿後腱肌群大約 1 至數秒,視健身目標而定,將膝蓋彎曲至約 135 度至 140 度,不建議超過 140 度。

● 依照目標決定,是否要等長收縮停留數秒。

● 吸氣時,離心收縮主動肌大約 2 至數秒,視目標而定,在離心收縮的時候要確實保持控制,均勻地控制力道,將膝蓋伸直回 0 度,不可低於 0 度,也就是不可過度伸展。

● 從預備動作 0 度到約 140 度,再回到 0 度時即完成一下。

- 練習到腿後腱肌群有痠的感覺後停下，記錄該組重量和次數。
- 通常建議練習 1 到 3 組。

運動傷害預防和優化訓練

» 練習的時候，要保持髖關節中立，不要內旋或外旋股骨，否則會變成內八或是外八，容易造成膝關節半月軟骨的異常壓力。

» 在練習的時候，特別在彎曲時，要避免膝關節的外旋，因為外旋會導致較多比例的股二頭短頭的收縮，反而讓原本就比較容易緊繃的短頭變更緊，所以練習時，應確實留意膝關節的中立位置，也要確實收縮半腱肌和半膜肌。

» 為了優化訓練和確認訓練品質，要留意兩腿應該出力一樣，常常會有慣用邊出力比較多的情況，記得要避免兩腿出力不均的情況。

呼吸方式

向心收縮時吐氣。
等長收縮時保持吐氣。
離心收縮時吸氣。

 退階 選擇較輕的重量，或是選擇練習較小的可動範圍。

進階 選擇較重的重量，或是減少支撐底面積，例如坐著或站著練習。也可以選擇練習單邊作為進階動作。

Standing Calf Raise
舉踵

動作目的	關節動作	主要訓練肌肉
啟動、維持、或提升腓腸肌、比目魚肌、脛骨後肌、屈趾長肌、屈足拇長肌的穩定度、肌耐力或肌肉量	踝屈蹠	腓腸肌、比目魚肌、脛骨後肌、屈趾長肌、屈足拇長肌

預備動作

- 根據體能評估結果選擇負重方式和合適重量後。利用地板或是低的台階作為支撐的作用力與反作用力平面。

- 將雙腳踩好在地板或是前腳掌踩在低的台階上，雙腳與髖部同寬，排列髖部、膝蓋、腳踝、第二根腳趾頭一直線，兩膝微彎，第二根腳趾頭維持 12 點鐘方向。踝關節中立踩在地板或屈足背讓腳跟著地。

- 骨盆、腰椎中立，脊柱延伸拉長，腹部整圈收縮，肩胛骨中立，保持頸椎中立，往頭頂方向拉長，平視前方。

- 吸一口氣準備。

動作方式

- 吐氣時，向心收縮腓腸肌、比目魚肌、脛骨後肌、屈趾長肌、屈足拇長肌 1 至數秒，視目標練習，踮腳至約 50 度，維持重心在薦椎，保持身體中心線延伸，保持平衡。

- 等長收縮目標肌群 0 至數秒，視目標練習，小心不要過度前傾。

- 吸氣時，離心收縮目標肌群 1 至數秒，視目標練習，將腳跟以控制的方式放回地板。

- 從預備動作到屈蹠（也就是踮腳）再回到預備位置，即完成 1 下。

- 反覆練習到疲之後停下，即完成 1 組，記錄該組重量和次數。

- 通常建議練習 1 至 3 組，視目標練習。

運動傷害預防和優化訓練

» 為了預防運動傷害，不建議將膝蓋過度伸展練習動作，應該要保持膝蓋微彎。

» 為了保持訓練品質和維持平衡，建議不要屈蹲超過 50 度，因為過度屈蹲或讓腳踝內翻，腳踝內翻時會容易失去平衡。

» 為了優化訓練和保持肌肉平均發展，要避免慣用邊用力較多的情況，要盡量讓兩邊小腿平均地發力和參與訓練動作。

» 屈蹲過程中要避免髖部前推或是身體後仰，尤其在有負重的狀態下，要保持核心整圈收緊穩定參與，也要小心不要低頭或仰頭練習動作。

呼吸方式

向心收縮的時候吐氣，等長收縮時吐氣或自然呼吸，離心收縮時吸氣。

退階 手扶支撐物，以穩定軀幹，專注於練習腳踝動作。也可以只用身體重量練習動作。

進階 負重較重的重量，例如手握啞鈴在身體左右兩邊，或是負重槓鈴在上背部。也可以選擇單腳的動作進行練習，或是在軟墊上面練習動作刺激本體感覺。

Dorsiflexion
勾腳

動作目的	關節動作	主要訓練肌肉
維持或提升小腿前側肌耐力和肌肉量	屈足背	脛骨前肌、伸趾長肌、伸拇長肌、第三腓骨肌

預備動作

- 根據體能評估結果選擇負重方式和合適重量後,坐在地板或是舉重椅上,將單腿伸直,另一條腿曲膝自然垂放在旁邊。

- 如果是選擇舉重椅的話,將兩坐骨坐穩在舉重椅上,將一腿伸直,保持骨盆和腰椎中立,維持脊柱延伸拉長,肩胛骨中立,雙手可以放在兩大腿上,或是輕輕抓住舉重椅的兩側。

- 維持大腿和小腿後側放在舉重椅上,讓腳超過舉重椅,將腳懸空,腳跟在舉重椅外。

- 將彈力帶或是負重的綁帶繞在前腳掌的蹠骨和趾骨的關節處,微微勾腳趾以避免帶子滑落。

- 開始動作前,先曲蹠約 45~50 度,以綁帶不會滑落為原則。

- 吸一口氣準備。

動作方式

- 吐氣時,勾腳也就是屈足背約 15~20 度,向心收縮脛骨前肌、伸趾長肌、伸拇長肌、第三腓骨肌,向心收縮 1 至數秒,視目標練習,收縮到末端可動範圍時,腳掌會有自然傾向的外翻是正常的。

- 視健身目標,等長收縮 0 至數秒,小心不要過度收縮以免抽筋。

- 吸氣時,離心收縮小腿前側的肌群,回到預備位置,離心收縮 1 至數秒,視健身目標而定。

- 從預備動作到屈足背再回到預備動作即完成一下。
- 反覆練習到痠即完成一組，記錄該組重量和次數。
- 通常建議練習 1 至 3 組，視健身目標練習動作。

運動傷害預防和優化訓練

» 為了預防運動傷害，綁帶要穩定黏好在蹠骨關節處，小心不要滑掉。

» 為了要讓腳踝練習完整可動範圍，應該讓腳懸空在椅子外面，腳跟才有可以活動向下的空間。

» 若鋼索或彈力帶的方向往身體中線靠近的話，外翻的肌群會參與動作更多。

呼吸方式

向心收縮時吐氣。
等長收縮時吐氣或
吸氣。離心收縮時
吸氣或吐氣。

退階　選擇較輕的重量或是縮小可動範圍練習。

進階　選擇較重的重量 ，或縮小底面積練習。

Chest Fly
胸飛鳥

動作目的	關節動作	主要訓練肌肉
啟動胸大肌。啟動、維持、強化胸大肌、前三角肌、喙肱肌	肩水平內收	胸大肌、前三角肌、喙肱肌

預備動作

- 可以選擇在舉重椅上練習，仰臥躺在舉重椅上，將身體躺穩在椅上，保持臀部、背部、肩胛骨、後腦杓貼穩椅面。

- 雙膝彎曲至 90 度，將腳踝排列在膝蓋正下方，避免膝關節在彎曲的角度中外旋，將兩腳掌踩穩地面，保持腳尖對準 12 點鐘方向，往下踩穩，以形成反作用力，有助於穩定軀幹，保持核心安定，也可減少腰椎壓力。

- 將骨盆維持中立，下背部維持和椅面有一個手掌的空隙，開始動作前，維持核心整圈收緊，保持核心安定，也記得要維持脊柱延伸拉長。

- 將肩胛骨平放好在椅面上，手握緊重量／啞鈴，中立握法，將手肘伸直但不過度伸展，置於肩膀正上方，記得維持腕關節中立。

- 吐一口氣，準備開始動作。

動作方式

- 吸氣時，手握緊重量／啞鈴，啟動胸大肌、前三角肌、喙肱肌，離心收縮肌肉 2 至數秒，將啞鈴往水平外展的方向打開，並且合併以斜線的方式往胸線的延長線方向下移，重量／啞鈴下降到最多在身體兩側，以避免肩關節的壓力過大，此刻保持手肘是九成五微彎不鎖住的狀態。

- 如果是以穩定度的方式練習的話，可以在此位置等長收縮停留 1 到 2 秒，保持肌肉參與，記得不要憋氣。

- 吐氣時，徵招胸大肌、前三角肌、喙肱肌，將重量／啞鈴從胸線的身體兩側位置，向心收縮 1 至數秒，進行水平內收，回到預備位置，即完成一

下動作。

- 反覆練習該動作至目標訓練肌群到有些痠痛後，停止動作，並且記錄所使用的重量和可以完成的次數。

- 通常建議練習 1 到 3 組，視健身目標和當下身體狀態調整重量和組數。

運動傷害預防和優化訓練

» 動作過程中，腳要踩穩，才可以穩定核心和保持橫向的穩定。

» 應該避免骨盆前傾和腰椎伸展的動作，以維持脊柱的安全。

» 也要維持胸椎的中立，以避免擠壓椎間盤。

» 建議不要活動肩胛骨，有助於孤立訓練肌群。

» 建議重量／啞鈴下降不要低於身體兩側，以避免肩關節結締組織損傷。

呼吸方式

吸氣時，離心收縮。
也可以在離心收縮的時候吐氣，
以維持核心穩定。
吐氣時，等長收縮。
吐氣時，向心收縮。

退階 選擇較輕的重量，或是縮小可動範圍，或是躺在地上練習。

進階 選擇較重的重量，或是選擇滑輪鋼索機練習，或是使用懸吊繩練習。

Reverse Fly
後飛鳥

動作目的	關節動作	主要訓練肌肉
啟動三角肌後束。啟動、維持或強化三角肌後束、棘下肌、小圓肌	肩水平外展	三角肌後束、棘下肌、小圓肌

預備動作

● 採站姿前俯姿。將雙腳踩穩，兩腳與髖部或是與肩部同寬，兩腳掌平行，髖部、膝蓋、腳踝、第二根腳趾頭排列成一直線，腳尖對準 12 點鐘方向。

● 膝蓋微彎，重心維持在薦椎的位置，屈曲髖部到上半身的身體中心線和地板平行，脊柱延伸拉長，腹部整圈收緊，肩胛骨維持中立位置，維持頸椎中立。

● 雙手握緊重量，雙臂自然垂直於地板，保持腕關節、肘關節中立。

● 啟動菱形肌、斜方中段，保持肩胛胸廓關節穩定。

● 吸一口氣後，準備開始動作。

動作方式

● 吐氣的時候，啟動三角肌後束、棘下肌、小圓肌向心收縮肌肉，進行肩膀水平外展到手肘和手腕、和重量在肩膀左右兩邊，兩邊同高。

● 視訓練目標決定是否等長收縮停留，以穩定度訓練來說，建議可以停留 1 到 2 秒。

● 吸氣時，確實離心收縮三角肌後束、棘下肌、小圓肌，將重量以控制的方式下降回到預備位置，不可以用自由落體的方式將重量放下，以避免拉傷。

● 動作過程中，要確實保持和核心穩定，不要用腰椎、胸椎代償動作，也不要用身體上下移動的動量擺盪練習動作。

- 向心、等長、離心收縮後即完成一下，練習到目標肌群有些痠的感覺，記錄當組訓練重量和次數。
- 通常建議練習 1 到 3 組，視健身目標而定。

運動傷害預防和優化訓練

» 注意膝蓋不要過度伸展。
» 重心記得要維持在薦椎的位置，以利穩定動作。
» 不要過度屈曲髖部，也不要將腹部放在大腿上，要記得保持核心整圈收縮。
» 要小心練習動作的時候，肩胛骨要維持中立位置，不要外展、上提或是上傾，也不要過度下壓肩胛骨，肩胛骨的穩定是肩水平外展的動作優化基礎。
» 練習時，要確實向心、（如有需要等長）、離心收縮，保持訓練節奏，不要用動量甩動，以避免拉傷。

呼吸方式

吐氣的時候，向心收縮。
等長收縮的時候吐氣。
吸氣的時候，離心收縮。

退階 選擇較輕的重量，或是減少可動範圍，或是增加支撐底面，比如趴在舉重椅上練習動作。

進階 選擇較重的重量，或是減少支撐底面，或是選擇可以促進本體感覺的方式練習，像是選擇懸吊練習反向飛鳥。

Front Raise
肩前舉

動作目的	關節動作	主要訓練肌肉
啟動三角肌前束、靠近鎖骨端胸大肌。啟動、維持或強化三角肌前束、靠近鎖骨端胸大肌	肩屈曲	三角肌前束、靠近鎖骨端胸大肌

預備動作

● 選擇合適重量，雙手握緊重量，中立握法，置於身體左右兩邊。

● 若採站姿的話，將雙腳踩穩，與髖部或是肩部同寬，將髖部、膝蓋、腳踝、第二根腳趾頭排列成一直線，兩腳掌平行，第二根腳趾頭對準 12 點鐘方向。膝關節微彎。

● 骨盆、腰椎中立，核心整圈收縮，脊柱延伸拉長，保持肩胛骨中立，維持頸椎中立。

● 視線平視前方。

● 吸一口氣準備。

動作方式

● 吐氣時，手握緊重量，保持中立握法，掌心朝向身體，向心收縮三角肌前束、靠近鎖骨端的胸大肌，將手臂向前舉起，過程保持手肘微彎，不過度伸展，抬到肩膀前方，可以微微高於肩膀。

● 抬起在最高點時，可以停留 1 到 2 秒，維持肌肉收縮，可是要小心不要將頭部往前伸，或是要小心不要將肩胛骨外展。

● 吸氣時，手握緊重量，中立握法，不要旋轉肱骨，離心收縮三角肌前束、靠近鎖骨端的胸大肌，離心收縮 2 到 4 秒將重量降回身體左右兩邊的預備位置。

● 可單邊反覆練習動作，也可以兩邊同時舉起和降下練習動作，也可以輪

替單邊反覆進行動作。

- 抬起和降下即完成一下，反覆練習動作直到感覺到肌肉痠的感覺後，記錄該組重量和完成次數。

- 通常建議練習 1 到 3 組，視健身目標而定。

運動傷害預防和優化訓練

» 因為是長槓桿動作，所以建議從較輕的重量開始練習，比較安全。

» 在練習此動作的時候，應該盡量避免身體的前後搖晃，也要避免脊柱的動作，應該將核心穩定不動，孤立化肩部訓練目標肌群。

» 抬起重量時，應該避免肩胛外展的動作，也要避免頭前引的動作。

» 在練習肩前舉時，在離心階段，應該要確實收縮肌群，不要用自由落體的方式，將重量墜下，以免拉傷肌群，也應該要避免利用動量搖晃重量。

正面觀　　　45 度角觀　　　側面觀

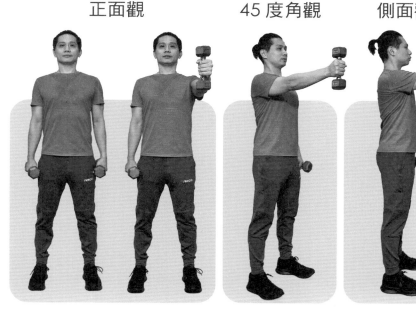

退階 選擇較輕的重量，或是增加支撐底面，比如說坐著練習，或是縮小可動範圍。

進階 選擇較重的重量，或是減少支撐底面，或是混合下半身的動作一起練習，比如說弓箭步加上肩前舉。

呼吸方式

吐氣的時候向心收縮。
等長收縮的時候吐氣。
吸氣的時候離心收縮。

— 251 —

Lateral Raise
肩側平舉

動作目的	關節動作	主要訓練肌肉
啟動三角肌中束。啟動、維持、強化三角肌中束	肩外展、肩胛上旋	三角肌中束、棘上肌、斜方上段

預備動作

- 選擇合適的重量，雙手緊握重量，中立握法，置於身體左右兩邊。
- 若採站姿的話，將雙腳踩穩，與髖部或是肩部同寬，將髖部、膝蓋、腳踝、第二根腳趾頭排列成一直線，兩腳掌平行，第二根腳趾頭對準 12 點鐘方向。膝關節微彎。
- 骨盆、腰椎中立，核心整圈收縮，脊柱延伸拉長，保持肩胛骨中立，維持頸椎中立。視線平視前方。吸一口氣準備。

動作方式

- 吐氣時，啟動和向心收縮三角肌中束 1 到 3 秒，握緊重量，肩外展，將重量往 3 點鐘和 9 點鐘方向抬起，保持肘關節和腕關節安定不動，孤立化肩關節的動作，最多側平舉到手臂和身體中心線夾角為 90 度，側平舉過程當中，保持大拇指虎口端朝向前方，在練習的末端可動範圍時候，保持掌心朝下。
- 視健身目標，選擇是否在 90 度側平舉的時候，停留數秒。
- 吸氣時，確實控制下降動作，離心收縮三角肌中束，將重量下降回到預備動作的身體左右兩邊。
- 從預備位置到側平舉再回到預備位置即完成 1 下。
- 反覆練習該動作，直到感覺到痠之後停下，並且記錄該組重量和次數。
- 通常建議反覆練習 1 到 3 組，視健身目標而定。

運動傷害預防和優化訓練

» 考量到肩峰下的空間，肩外展應該最多到 90 度，不可以超過，以避免肩夾擠症候群，夾擠到棘上肌或是滑液囊。

» 動作應該保持控制，確實收縮肌肉，不要用甩動的方式練習。

» 下降的時候，應該避免順著地心引力的快速落下，以避免拉傷。

» 練習的時候，應該保持各關節中立，也不建議用微微屈髖部的方式練習。

» 避免斜方上段的代償過多。

» 練習時，考量到肩肱節律，不應該過度鎖住肩胛骨，或是刻意下壓肩胛骨，應該保持肩胛骨中立的練習動作，而且在肩外展 90 度的時候，應該會有約 20 度肩胛上旋。

正面觀

呼吸方式

吐氣時，向心收縮。
吐氣時，等長收縮。
吸氣時，離心收縮。

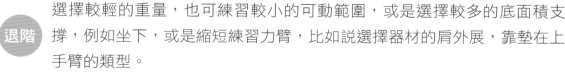

退階 選擇較輕的重量，也可練習較小的可動範圍，或是選擇較多的底面積支撐，例如坐下，或是縮短練習力臂，比如說選擇器材的肩外展，靠墊在上手臂的類型。

進階 選擇較重的重量，或是減少底面積支撐，例如單腳練習，或是混合上下半身一起練習，例如弓箭步加上肩平舉一起練習，或是交替練習。

Pull Over
拉舉

動作目的	關節動作	主要訓練肌肉
啟動、維持或強化背闊肌、大圓肌、胸大肌	肩伸展	背闊肌、大圓肌、胸大肌、三角肌後束、肱三頭肌

預備動作

- 根據體能評估結果，選擇合適重量，雙手握緊重量。
- 採仰臥姿，仰臥在舉重椅上，將雙腳踩好地板與肩部同寬，排列髖部、膝蓋、腳踝、第二根腳趾頭一直線，腳趾頭踩下，第二根腳趾頭盡量朝向 12 點鐘方向，避免膝蓋外旋。雙腳要確實踩穩，以利形成反作用力。
- 骨盆、腰椎中立，腰部離舉重椅大約一個手掌的高度，脊柱延伸拉長，核心整圈收縮維持穩定，保持肩胛骨中立並放置在靠墊上，保持頸椎中立，往頭頂方向拉長，平視前方。
- 雙手腕中立和雙手封閉握法，握緊重量，置於肩膀前方，保持手肘微彎不過度伸展。
- 吸一口氣預備。

動作方式

- 吐氣時，離心收縮背闊肌、大圓肌、胸大肌、三角肌後束、肱三頭肌 1 到 4 秒，視目標而定，將重量以肩關節矢狀面屈曲的方向，以控制的方式降下於手臂在耳朵左右兩邊，避免超過頭部。
- 吸氣時，等長收縮主動肌群 0 到 2 秒，視目標而定。
- 吐氣時，向心收縮主動肌群 1 到數秒，視目標而定，將重量拉舉回預備位置。
- 從預備位置到雙手臂在耳朵左右兩邊後，再回到預備位置即完成 1 下。

- 反覆練習該動作，直到感覺到痠之後停下，並且記錄該組重量和次數。
- 通常建議反覆練習 1 到 3 組，視目標而定。

運動傷害預防和優化訓練

» 不建議雙手拿一顆啞鈴練習，因為會過度給予肩關節壓力。建議雙手抓握位置與肩部同寬。

» 離心收縮主動肌群到末端可動範圍的時候，要確實收縮腹部核心肌群，避免腰椎和骨盆活動，以保護腰部，避免運動傷害。

» 為了優化訓練及保持核心穩定，建議在離心收縮的時候吐氣，有助於維持核心肌群收縮，包括肋間肌群的收縮。

呼吸方式

吐氣時，離心收縮。
等長收縮時，吸氣。
吐氣時，向心收縮。

退階 選擇較輕的重量或是縮小可動範圍。

進階 選擇較重的重量或是選擇縮小底面積，例如用站姿練習動作，若採站姿，胸小肌、菱形肌、斜方肌下段會參與更多。或是選擇在不穩定平面上練習，例如在抗力球上練習動作。

Shoulder External Rotation
肩外旋

動作目的	關節動作	主要訓練肌肉
啟動、維持或強化肩膀外旋肌群。改善肌肉不平衡狀態	肩外旋	棘下肌、小圓肌、三角肌後束

預備動作

- 選擇較輕的重量開始練習以利啟動主要訓練肌群和避免拉傷。

- 若採站姿,將雙腳踩好與髖部同寬,排列髖部、膝蓋、腳踝、第二根腳趾頭一直線,兩膝微彎,第二根腳趾頭維持 12 點鐘方向。膝關節微彎。

- 骨盆、腰椎中立,脊柱延伸拉長,腹部整圈收縮,肩胛骨中立,保持頸椎中立,往頭頂方向拉長,平視前方。

- 將手肘彎曲到 90 度,手持負荷重量的握把,將上手臂貼著身體旁邊靠著肋骨,若動作時容易肩外展的話,可以用上手臂和肋骨側邊夾一條捲起的毛巾。

- 吸一口氣準備。

動作方式

- 吐氣時,啟動棘下肌、小圓肌、三角肌後束向外旋轉肩關節,向心收縮 1 至數秒,依目標而定,向外旋轉 70 至 90 度,不需超過 90 度,並且視當下可動範圍而練習。

- 可以等長收縮主要訓練肌群數秒增加刺激。

- 吸氣時,離心收縮主動肌約 2 至 4 秒,也可以延長離心收縮秒數,視目標而定,回到起始位置。

- 從起始位置到末端可動範圍再回到起始位置即完成 1 下。

- 反覆練習到感覺肌肉痠後停下,然後記錄重量和次數。

- 通常建議練習 1 到 3 組。

運動傷害預防和優化訓練

» 為了避免運動傷害，在離心階段應該保持控制，不要忽然被重量拉回，以避免拉傷。

» 在向心收縮的末端可動範圍時，要留意不要為了達到想要達成的可動範圍而過度收縮肌群，每個人的可動範圍不一樣，有些人可能只能做到 70 度或更少的角度，應該在練習的時候，注重肌肉參與感受度的練習，自評感覺目標肌群有訓練到即可。

» 為了優化訓練，需要嘗試減少肩胛外展和內收的動作，以利盡量孤立化肩外旋的動作。

» 為了防傷和優化，在練習的時候，要保持肩胛骨中立，不要過度下降也不要過度上提肩胛，在中立（懸浮）的位置上練習，才更有效也更安全。

呼吸方式

吐氣時向心收縮。

吐氣時等長收縮。

吸氣時離心收縮。

退階 除了降低重量練習之外，也可以選擇側臥姿的方式練習，增加支撐底面積，上手臂也比較不容易離開身體側邊。

進階 可以視肌肉平衡狀態選擇較重的重量。也可以用彈力帶練習雙邊動作。也可以視功能型需求，在肩屈曲 90 度或是肩外展 90 度時練習肩外旋的抗阻訓練。

Shrug
提肩胛

動作目的	關節動作	主要訓練肌肉
● 促進肩胛上提肌群的血液循環 ● 維持肩胛上提肌群的張力和彈性。 ● 啟動、維持或發展提肩胛肌群	肩胛上提	斜方肌上段、菱形肌、提肩胛肌

預備動作

● 根據體能評估結果，選擇合適重量，雙手握緊欲負重器材。

● 若採站姿，將雙腳踩好，維持兩腳掌平行，第二根腳趾頭對向 12 點鐘方向，雙腳與髖部同寬，排列髖部、膝蓋、腳踝、第二根腳趾頭一直線，兩膝微彎。

● 骨盆、腰椎中立，脊柱延伸拉長，腹部整圈微微收縮，先保持肩胛骨在中立位置，保持頸椎中立，往頭頂方向拉長，平視前方。

● 若手持啞鈴，將啞鈴排列在肩膀下方、身體左右兩邊。

● 吸一口氣準備。

動作方式

● 吐氣時，向心收縮斜方肌上段、菱形肌、提肩胛肌，將肩帶以滑動的方式向上提起，向心收縮 1 秒至數秒，視健身目標而定，留意兩邊上提至一樣高的位置，小心不要過度收縮肌群，上提肩帶時，也要留意不要仰頭或是低頭，記得保持脊椎中立。

● 等長收縮時吐氣，可以視健身目標等長收縮 0 秒至數秒，小心不要憋氣即可。

- 離心收縮時，以控制的方式將肩帶滑動緩衝下降，可以下降至中立位置或是低於中立位置，可是不建議下壓到底的末端可動範圍，也不應該用自由落體瞬間落下的方式練習，也不要下降到肩胛骨產生外展的動作而同時產生胸椎和頸椎的活動，離心收縮斜方肌上段、菱形肌、提肩胛肌 1 秒至數秒。

- 反覆練習到感覺肌肉痠或感覺到血液循環後停下，視目標而定，然後記錄重量和次數。

- 通常建議練習 1 到 3 組。

運動傷害預防和優化訓練

» 為了防傷，千萬要記得負重時，離心收縮階段不要用自由落體的方式墜下，這樣會大幅提升拉傷的風險，離心收縮時應該以控制的方式緩衝下降，這樣才可以安全地練習。

» 雖然有些人會覺得上提肩帶時吸氣會比較自然，可是如果負重較重的重量時，在肩帶上提時維持腹部內壓和維持核心穩定還是很重要，特別對於腰部比較脆弱的學員，因此，還是建議在向心收縮時吐氣會比較安全。

» 為了優化訓練和防傷，不建議練習此動作時收縮肌群到最末端可動範圍，因為有可能會產生疼痛或是發生痙攣，也不建議將肩帶下降時，過度下壓到底，因為這樣也有可能會造成肩胛下角擠壓到背部中段的肌群而產生疼痛。

» 練習時，為了優化動作請記得維持頸椎、胸椎、腰椎中立的位置進行練習。

呼吸方式

吐氣時向心收縮。
吐氣時等長收縮。
吸氣時離心收縮。

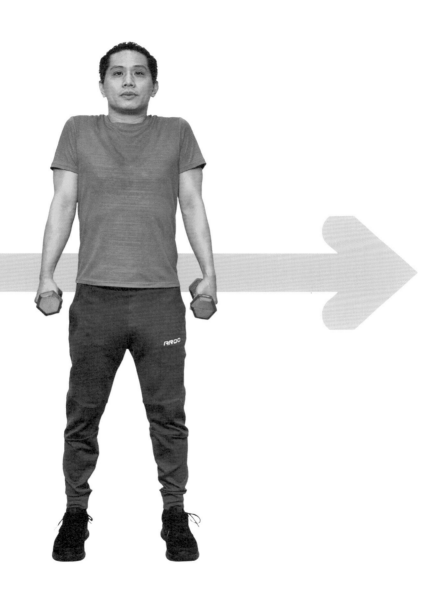

 退階　選擇較輕的重量練習,或是先用徒手的方式練習。或是增加底面積,坐下練習。

 進階　選擇增加重量,或是減少底面積,用單腳站立的方式練習,不過記得要注意安全,小心不要跌倒。

Dip
肩胛下收

動作目的	關節動作	主要訓練肌肉
• 啟動斜方肌下段、維持斜方肌下段張力、發展斜方肌下段 • 改善肩胛胸廓肌肉不平衡狀態	肩胛下收	斜方肌下段、胸小肌

預備動作

- 根據體能評估結果，選擇合適的方式練習，一開始可以先無負重的方式徒手練習動作方向和進行的軌道。

- 若採坐姿撐體，坐在舉重椅上，將雙腳踩好與髖部同寬，排列髖部、膝蓋、腳踝、第二根腳趾頭一直線，兩膝彎曲成約 90 度，第二根腳趾頭維持 12 點鐘方向。雙掌撐在舉重椅上，肩膀下方，起動肱三頭肌，撐起身體，將臀部騰空，保持手肘微彎，不要過度伸展肘關節，將臀部前移離開坐墊。

- 雙掌撐體，臀部騰空時，維持骨盆、腰椎中立，脊柱延伸拉長，腹部整圈收縮，肩胛骨維持在中立位置，維持頸椎中立，往頭頂方向拉長，平視前方。

- 小心避免椅子傾倒。

- 吐一口氣準備。

動作方式

- 吸氣時，離心收縮斜方肌下段、胸小肌到聳肩的位置 1 秒至數秒，是健身目標而定，小心不要讓肩胛骨上傾，也要小心不要過度伸展肘關節，維持頸椎中立不要抬頭或低頭，也要留意兩邊肩膀上提的高度是一樣的。同時留意頭不要往前伸。

- 吐氣時，向心收縮斜方肌下段、胸小肌將兩肩胛下降 1 秒至數秒，視健身目標而定，要小心不要過度向下擠壓，以免造成背痛。向下收縮肌群時，要留意不要外展肩胛骨，也不要上傾肩胛骨，同時要抑制胸椎伸展的動作，嘗試孤立化收縮斜方下段和胸小肌，單一明確地練習目標肌群。

- 可以選擇在肩胛中立或是肩胛下降的位置中等長收縮 1 至數秒，有助於提升斜方肌下段的張力，也有助於改善肩胛上下肌肉發展不均的狀態。等長收縮時吐氣或是自然呼吸。

- 從預備位置到肩胛上提位置再回到預備位置即完成一下。

- 反覆練習到感覺肌肉痠後停下，然後記錄重量和次數。

- 通常建議練習 1 到 3 組。

運動傷害預防和優化訓練

» 為了避免運動傷害，選擇手掌合適的撐體方式，如果在撐體時，手腕覺得壓力很大或是會痛的話，建議改為用機器，然後選用輕重量的負荷方式開始練習，建議優先選擇手腕關節中立握法。

» 為了優化動作和防傷，記得保持肘關節微彎不鎖住，保持肱三頭肌等長收縮參與，避免給予關節過多壓力。

» 為了優化訓練和防傷，肩胛骨上提到目標肌群被拉長的舒適位置，不用追求極端範圍，肩胛下壓也不應該壓到可動範圍底部，以免過度擠壓肌群而造成背痛。

» 部分同學在雙槓撐體時，肩胛骨的位置會外展加上傾，那樣代表強度太強，重量太重，應該要降階訓練。

呼吸方式

吸氣時離心收縮。
吐氣時向心收縮。
等長收縮時吐氣或自
然呼吸。

 退階 選擇較輕的重量,用器材選擇較輕的重量練習,或是縮小可動範圍練習。

進階 選擇較重的重量練習,或是減少底面積練習,利用自己的體重進行練習做雙槓撐體的話算是高階動作,記得應該要先確保可以維持肩胛骨中立位置上下滑動才能選擇雙槓撐體,否則有可能會造成傷害,要特別小心。

Scapula Protraction/Abduction
肩胛外展

動作目的	關節動作	主要訓練肌肉
活動前鋸肌，恢復肌肉長度，改善肌肉不平衡狀態，促進血液循環	肩胛外展	前鋸肌。 協動肌：胸大肌、胸小肌

預備動作

● 根據體能評估結果，選擇合適重量，雙手握緊重量。

● 若選擇舉重椅、採仰臥姿，將雙腳踩穩地板，保持膝蓋中線對齊腳踝和第二根腳趾頭，雙腳往下踩以形成反作用力維持身體穩定。

● 仰臥躺在舉重椅上，讓臀部、背部、上背部、頭部獲得支撐。

● 維持骨盆、腰椎中立，脊柱延伸拉長一直線，腹部整圈收縮，肩胛骨中立，保持頸椎中立，往頭頂方向拉長，平視前方。

● 若選擇啞鈴負重，雙手中立握法握緊啞鈴，推向肩膀正前方，保持手肘微彎不鎖住，腕關節中立。

● 吸一口氣準備。

動作方式

● 吐氣的時候，收縮前鋸肌約 1 至數秒，將肩胛骨外展，遠離胸椎向外滑動，外展到安全的位置，小心不要過度外展而造成肩膀的異常壓力，也要小心不要做出聳肩的動作，練習動作過程時維持胸椎、頸椎中立。

● （考量到現代人常有上交叉症候群）通常不建議在頂峰等長收縮，以避免痙攣，等長收縮 0 秒。

● 吸氣時，離心收縮前鋸肌、胸大肌、胸小肌約 4 至數秒，回到預備位置即完成一下。

● 反覆練習到感覺血液循環增加，感覺肌肉恢復彈性或肌肉痠後停下，然後記錄重量和次數。

● 通常建議練習 1 到 3 組，視健身目標而定。

運動傷害預防和優化訓練

» 考量到現代人常有的上交叉症候群，因此不建議練習頂峰收縮以避免痙攣。

» 練習時，為了防傷和優化動作，記得保持肘和腕關節中立。

» 對於沒有練習過這個動作的初學者，可能無法馬上做出這個動作，為了預防傷害，建議可以先從徒手練習一組，先確定好動作方向和可動範圍後再進行有負重的訓練。

» 為了有效訓練，訓練時請單純做出肩胛外展和內收的動作，不要有多餘的聳肩或是肩胛下沉的動作。

» 為了安全、有效訓練和預防傷害，練習時可動範圍應該只進行到肩胛外展的末端可動範圍，不應該外展到胸椎有伸展動作，請進行孤立化訓練，如果練習到出現脊柱伸展動作和頭部後仰的動作的話，代表失去穩定度和出現代償，應該避免其他關節參與動作。

呼吸方式

吐氣時向心收縮。（如有需要）吐氣時等長收縮。吸氣時離心收縮。

退階 減輕重量，以徒手的方式練習。

進階 適當增加重量（因為主動肌是較小的肌肉），也可以推牆練習或是以平板式練習，可是需要保持核心穩定練習動作，依照體能現況和過去病史與健身目標選擇合適動作練習。

Scapula Retraction/Adduction

肩胛內收

動作目的	關節動作	主要訓練肌肉
● 啟動、維持或強化肩胛內收肌群。 ● 改善肌肉不平衡狀態。	肩胛內收	大菱形肌、小菱形肌、斜方肌

預備動作

● 根據體能評估結果，選擇合適重量，若是選擇用滑輪鋼索機訓練，雙手握緊握把。

● 雙手抓握的握把，寬度與肩部同寬。

● 若採坐姿，坐在舉重椅上，將雙腳踩穩，排列髖關節、膝蓋、腳踝、第二根腳趾頭一直線，第二根腳趾頭盡量維持12點鐘方向，不要外旋小腿，將雙腳踩穩以利形成反作用力練習動作。

● 將坐骨坐穩，維持骨盆、腰椎中立，脊柱延伸拉長，腹部整圈收縮，肩胛骨先保持中立，維持頸椎中立，往頭頂方向拉長，平視前方。

● 吸一口氣準備。

動作方式

● 吐氣時收縮大菱形肌、小菱形肌、斜方肌1至數秒，將肩胛骨往胸椎的方向收緊，不建議用夾緊的意象引導練習，因為有可能會過度收縮肌肉而造成不適。

● （考量到現代人常有上交叉症候群）建議等長收縮1至數秒，有助於啟動平時被拉長而無力的肌群，也就是菱形肌群和斜方肌（中段和下段）。

- 吸氣時，離心收縮主動肌約 1 至數秒，讓肩胛外展遠離胸椎的方向動作，外展到安全的位置，記得不要過度外展而造成肩膀異常壓力或是外展到胸椎屈曲或頸椎屈曲（低頭），保持脊柱中立位置練習動作。

- 從預備位置到肩胛內收也稱為後收，到肩胛外展，再回到肩胛內收位置即完成一下。

- 反覆練習到感覺主動肌啟動，血液循環增加，肌肉恢復彈性或感覺肌肉痠後停下，然後記錄重量和次數。

- 通常建議練習 1 到 3 組，視健身目標而定。

運動傷害預防和優化訓練

» 對於沒有練習過這個動作的初學者，有可能會需要花一小段時間觀看教練示範和先做徒手練習才能夠做出肩胛內收的動作，因此，建議對於在學習動作的初學者，先用徒手的方式練習，比較安全，也比較快速可以掌握動作。

» 為了有效練習肩胛內收的動作，仰臥姿的方式練習對於初學者會比較簡單，建議可以躺在舉重椅上，利用滑輪鋼索機器，雙手抓握握把練習肩胛內收。

» 為了預防運動傷害，應該避免以下練習方式：

  - 應該避免在離心收縮的階段鬆懈肌群，因為那樣有可能會造成拉傷。
  - 應該避免選擇過重的重量，畢竟所參與動作的肌群不多。
  - 應該避免過大的可動範圍，以免造成拉傷或韌帶受傷。
  - 應該避免在肩胛內收時，用力後夾，有可能會造成肌肉過度收縮被夾傷。

呼吸方式

吐氣時向心收縮。吐氣
或自然呼吸時等長收
縮。吸氣時離心收縮。

退階 減輕重量，先用徒手的方式練習，或是改變身體位置，以仰臥姿的方式練習。

進階 增加重量，或是改變身體位置方式練習，比如說，雙手抓史密斯機器的槓鈴，以懸吊的方式練習動作，除了提升核心穩定的難度之外，也同時增加了重量。不過還是要記得小心為上，安全、有效的訓練是最理想的。

Bicep Curl
肱二頭肌彎舉

動作目的	關節動作	主要訓練肌肉
活化肱二頭肌。恢復肱二頭肌正常長度。活化、維持、或發展肱二頭肌、肱肌、肱橈肌	肘關節屈曲、橈尺關節旋後	肱二頭肌、肱肌、肱橈肌

預備動作

● 選擇合適重量，雙手緊握重量。旋上握法。

● 若採站姿，將雙腳踩好與髖部同寬，排列髖部、膝蓋、腳踝、第二根腳趾頭一直線，兩膝微彎，第二根腳趾頭維持 12 點鐘方向。

● 骨盆、腰椎中立，脊柱延伸拉長，腹部整圈收縮，肩胛骨中立，保持頸椎中立，往頭頂方向拉長，平視前方。

● 雙臂自然排列在身體左右兩邊，尺骨鷹嘴突朝後，橈尺關節旋後，雙手握緊重量，大拇指端朝外。

● 吸一口氣後，準備開始動作。

動作方式

● 吐氣時，單邊反覆、或雙邊輪替、或者雙邊向心收縮肱二頭肌，保持大拇指端朝外，屈曲手肘到肌肉緊縮的末端可動範圍。

● 可以視訓練目標，決定是否要進行頂峰的等長收縮，增加刺激時間。

● 吐氣時，離心收縮肱二頭肌、肱肌、肱橈肌，視訓練目標花 2 到 4 秒將重量降回預備位置。

退階 選擇較輕的重量，或者是增加支撐底面積，比如說坐下練習動作。

進階 選擇較重的重量，或是減少支撐底面積，比如說單腳站練習，或是選擇可以促進本體感覺的平面，或是選擇和其他訓練動作混合，比如弓箭步加上肱二頭肌彎舉。

運動傷害預防和優化訓練

» 為了保持孤立化訓練，在肘屈曲的時候，不要做橈尺關節的旋前和旋後。

» 為了準確訓練肌肉，肘屈曲的時候，不要做肩屈曲的動作。

» 舉起和降下重量的時候，身體不要前後搖晃。

» 降下重量的時候，保持肌肉離心參與，不要用自由
落體的方式快速墜下，以免拉傷。

» 考量此訓練動作為第三槓桿動作，一開始選擇
重量應該由較輕的重量開始練習。

呼吸方式

向心收縮時，吐氣。
等長收縮時，吐氣。
離心收縮時，吸氣。

45 度角觀

Tricep Extension
肱三頭肌伸展

動作目的	關節動作	主要訓練肌肉
啟動、維持、強化肱三頭肌	肘伸展	肱三頭肌

預備動作

- 使用滑輪鋼索機器，選擇合適的重量，雙手緊握握把，旋下或旋上握法，若選擇繩索的話，可用中立握法，將握把置於身體前側，大腿前方，或是將繩索拉至身體左右兩邊。

- 若採站姿的話，將雙腳踩穩，與髖部或是肩部同寬，將髖部、膝蓋、腳踝、第二根腳趾頭排列成一直線，兩腳掌平行，第二根腳趾頭對準 12 點鐘方向。膝關節微彎。

- 骨盆、腰椎中立，核心整圈收縮，脊柱延伸拉長，保持肩胛骨中立，維持頸椎中立。

- 視線平視前方。

- 吐一口氣準備。

動作方式

- 吸氣時，離心收縮肱三頭肌，離心收縮約 2 到 4 秒，視訓練目標而定，屈肘到 90 度，盡量避免低於 90 度，屈肘時，記得保持腕關節中立，孤立肘關節動作，不要聳肩，不要肩屈，也不要肩外展，保持上臂垂直地面。

- 吐氣時，等長收縮，可視健身目標停留數秒。

- 吐氣時，向心收縮肱三頭肌，向心收縮約 1 至 3 秒，視訓練目標而定，孤立肘伸展動作，到手臂伸直但不過度伸展，確實收縮肱三頭肌的長頭、短頭和外側頭，在末端可動範圍的時候，可視訓練目標，決定是否進行頂峰收縮數秒增加刺激，可是要避免痙攣。

- 從伸直的預備動作到屈肘 90 度再回到預備動作即完成一下,反覆練習動作直到痠之後停下,然後記錄該組重量和次數。
- 通常建議練習 1 到 3 組,視健身目標而定。

運動傷害預防和優化訓練

» 要注意,拉力的來源應該會在身體上方和前方,常常會有人在練習這個動作過程中,伸直手肘時,握把或是繩索,在拉力源的正下方,這樣的角度選擇使在末端可動範圍接近不需要用力,就像從蹲下到站立時,站直時是最省力的,股四頭肌接近不需要用力一樣,所以為了優化此訓練動作應該選擇拉力源在身體上方和前方,可以更有效率地訓練。

» 考量到為了避免過度刺激肱三頭肌腱,所以在練習的時候,應該不要屈肘低於 90 度,才可以有效率地將重量負荷在肱三頭肌上。

» 練習時,也該避免在器材上用爆發力訓練,否則可能造成拉傷,也該避免過度伸展肘關節,以保護肘關節周邊的肌腱和韌帶。

呼吸方式

吸氣時,離心收縮。
吐氣時,向心收縮。
吐氣時,等長收縮。

 選擇較輕的重量,或是增加支撐底面積,例如提供靠背,或是選擇仰臥姿的訓練。

 選擇較重的重量,或是選擇閉鎖鍊運動,像是 Dip 雙槓撐體的動作。

Wrist flexion
腕屈曲

動作目的	關節動作	主要訓練肌肉
維持腕屈肌群的穩定度，維持或發展腕屈肌群的肌耐力和肌肉量	腕屈曲	橈側屈腕肌、尺側屈腕肌

預備動作

● 根據健身目標和體能現況選擇合適的訓練方式和重量。

● 若選擇跪姿，可以單膝跪姿方式練習，將前手臂放在舉重椅上，手持重量。

● 在預備位置時保持脊柱延伸拉長，核心微微收緊，小心不要過度低頭，維持頸椎的延伸。

● 可從腕伸展的位置預備開始，也可以從中立位置預備開始。

● 吸一口氣準備。

動作方式

● 吐氣時向心收縮屈腕肌群，屈曲手腕至約 80 度（因人而異），向心收縮約 1 至數秒，感覺手臂內側的肌群收縮。

● 視健身目標和體能等長收縮 1 至數秒，等長收縮時吐氣或是自然呼吸，如是腕力比賽選手，可能訓練等長收縮時間會較長，要小心不要憋氣太久。

● 離心收縮 1 至數秒時吸氣，離心收縮時手腕關節可以伸展至約 70 度，可是小心不要過度壓迫關節，可動範圍因人而異，

● 從預備位置到腕屈曲位置再回到預備位置即完成一下，反覆練習到感覺到痠之後停下。

● 通常練習 1 至 3 組，視健身目標和體能而定。

運動傷害預防和優化訓練

» 為了防傷和優化動作，手腕關節屈曲角度約 80 度即可，有腕關節隧道症候群者應先詢問醫師是否可以練習此動作，如果可以的話，建議從等長收縮方式訓練，或是以循序漸進的方式從開始小範圍然後慢慢恢復範圍，練習前後應該都要包括伸展運動。

» 為了防傷，不要在離心收縮階段忽然下墜，以避免拉傷。

» 有腱鞘囊腫的同學應該先詢問醫師可否練習此動作，如果可以的話，應該避免反覆過多的訓練。如果可以練習的話，也應該在無痛的範圍中練習，以策安全。

» 為了防傷，選擇重量時應該循序漸進，避免肌腱拉傷或斷裂。

呼吸方式

向心收縮時吐氣，等長收縮時吐氣或是自然呼吸，離心收縮時吸氣。

退階 選擇較輕的重量練習，或是增加底面積支撐。

進階 選擇較重的重量練習，或是減少底面積的支撐，比如說，以站姿的方式，屈肘 90 度，保持肱二頭肌等長收縮時，練習手腕屈曲。

Wrist Extension
腕伸展

動作目的	關節動作	主要訓練肌肉
維持腕伸肌群的穩定度，維持或發展腕屈肌群的肌耐力和肌肉量	腕關節伸展	橈側伸腕長肌、橈側伸腕短肌、尺側伸腕肌

預備動作

● 根據健身目標和體能現況選擇合適的訓練方式和重量。

● 若選擇跪姿，可以單膝跪姿方式練習，將前手臂放在舉重椅上，旋下握法，手持重量。

● 在預備位置時保持脊柱延伸拉長，核心微微收緊，小心不要過度低頭，維持頸椎的延伸。

● 可從腕屈曲的位置預備開始也可以從中立位置預備開始。

● 吸一口氣準備。

動作方式

● 吐氣時向心收縮伸腕肌群，伸展腕關節至約 60-70 度（因人而異），向心收縮約 1 至數秒，感覺手臂外側的肌群收縮。

● 視健身目標和體能等長收縮 1 至數秒，等長收縮時吐氣或是自然呼吸，如是運動選手，可能訓練等長收縮時間會較長，要小心不要憋氣太久。

● 離心收縮 1 至數秒時吸氣，離心收縮時手腕關節可以屈曲至約 80 度，可是小心不要過度壓迫關節，可動範圍因人而異，

● 從預備位置到腕伸展位置再回到預備位置即完成一下，反覆練習到感覺到痠之後停下。

● 通常練習 1 至 3 組，視健身目標和體能而定。

運動傷害預防和優化訓練

» 為了防傷和優化動作，手腕關節伸展角度約 70 度即可，有腕關節隧道症候群者應先詢問醫師現在是否可以練習此動作，如果可以的話，建議從等長收縮方式訓練或是以循序漸進的方式從開始小範圍然後慢慢恢復範圍，練習前後應該都要包括伸展運動。

» 為了防傷，不要在離心收縮階段忽然下墜，以避免拉傷。

» 有腱鞘囊腫的同學應該先詢問醫師可否練習此動作，如果可以的話，應該避免反覆過多的訓練。如果可以練習的話，也應該在無痛的範圍中練習，以策安全。

» 為了防傷，選擇重量時應該循序漸進，避免肌腱拉傷或斷裂。

呼吸方式

向心收縮時吐氣。等長收縮時吐氣或是自然呼吸。離心收縮時吸氣。

退階 選擇較輕的重量練習，或是增加底面積支撐。

進階 選擇較重的重量練習，或是減少底面積的支撐，比如說，以站姿的方式，屈肘 90 度，保持肱二頭肌和肱橈肌等長收縮時，練習手腕伸展。

Neck Flexion
頸屈曲

動作目的	關節動作	主要訓練肌肉
啟動、維持或強化頸部表層和深層屈曲肌群	頸屈曲	胸鎖乳突肌、前斜角肌、頭長肌、頸長肌、頭前直肌、頭外直肌

預備動作

● 一般民眾，利用自己的頭部重量訓練即可。

若採仰臥姿時：

● 將雙腳踩好與髖部同寬，排列髖部、膝蓋、腳踝、第二根腳趾頭一直線，腳跟到臀部一個腳掌的距離，兩腳腳掌平行，腳趾頭踩下，第二根腳趾頭朝向 12 點鐘方向，避免膝蓋外旋。雙腳踩好維持胸椎、腰椎安定。

● 骨盆、腰椎中立，腰部離地板大約一個手掌的高度，脊柱延伸拉長，保持肩胛骨中立並放置在地墊上，先保持頸椎中立，往頭頂方向拉長，平視前方。

● 手臂放置於身體左右兩邊的地墊上，盡量保持肩關節中立，橈尺關節旋上、中立、或旋下，開放自由選擇，建議肩關節敏感的人維持掌心朝上。

● 需要先將頸部保持延伸狀態，維持椎體的充裕空間，如果學員頸部有局部緊繃的話，建議可以先用自己的手按摩放鬆再伸展頸部肌群。（對相關程序如有興趣，請洽詢矯正運動教練培訓班。）

● 吸一口氣準備。

動作方式

● 吐氣的時候，向心收縮頸部屈曲肌群，大約 2 至數秒，屈曲到約 45 度，視當下可以進行的舒適可動範圍而定。

● 在動作末端可動範圍時，可以選擇等長收縮數秒，視自評舒適感覺而定。

- 離心收縮頸部屈曲肌群，大約 2 至 4 秒，以控制的方式緩緩放回原本預備位置。
- 從預備位置到屈曲 45 度再回到原本預備動作即完成 1 下。
- 反覆練習到感覺痠的感受後停下，記錄該組次數。
- 通常建議練習 1 到 3 組，視健身目標而定。

運動傷害預防和優化訓練

» 為了預防運動傷害請不要用快速的方式練習，動作應該以穩定度的節奏或是肌耐力的訓練節奏進行。

» 為了預防運動傷害，建議動作範圍最多進行到屈曲 45 度，建議不要超過，建議不要屈曲到將下巴靠在胸口上，可動範圍過大的動作，容易造成椎間盤的壓迫。

» 因為現代人的頸部力量比較弱，和上交叉症候群有關，所以為了優化此運動，建議一開始可以用雙手扶著頭練習，以保護頸部，心裡也會覺得比較安心。

呼吸方式

向心收縮的時候吐氣。
等長收縮的時候吐氣。
離心收縮的時候吸氣。

退階 可以用雙手扶著頭輔助動作，減輕重量。

進階 可以躺在大抗力球上，增加可以動範圍和提供促進本體感覺的平面。

Neck Lateral Flexion
頸側屈

動作目的	關節動作	主要訓練肌肉
啟動、維持、活化或強化頸部側曲肌群	頸部外側屈曲	斜方肌上段、提肩胛肌、前斜角肌、中斜角肌、後斜角肌、頭夾肌、頭上斜肌、橫突間肌、枕大肌

預備動作

- 利用頭部的重量進行練習，採側臥姿，將上下半身排列成一直線，低頭時會看到自己的雙腳，將雙腿伸直，排列髖部大轉子、膝蓋外側、腳踝外側一直線。平視前方。

- 維持骨盆和腰椎中立，將脊柱延伸拉長，頸椎延伸拉長，頭不前引也不伸展頸椎，維持頸椎在中立位置，肩胛骨盡量擺放在中立位置，將接近地板的手臂向前方伸直，預備位置時，頸部在側屈位置上，將頭部側邊輕放在地墊上，如果側屈的預備位置，頸部或肩部已經不適的話，可以將靠近地板的手臂彎曲，把手墊在頭部側邊，以頸部較為中立的位置當作預備位置，另外一隻手用手掌或手指抵在胸口前方的地墊上。

- 俯瞰時，側面的耳朵、肩峰、胸廓中心點、大轉子、膝蓋外髁、腳踝外側一直線，就像站直的中立位置一樣。

- 吸一口氣預備。

動作方式

- 吐氣的時候，啟動頸部側邊的肌群，向心收縮 1 至數秒，視目標練習，側屈到約 45 度，視個人可以側屈的角度練習，建議不要超過 45 度，記得要在預備位置時先延伸拉長頸椎再側屈，不要在頭前引或是頸椎伸展的位置上側屈。

- 等長收縮 0 秒或是數秒，視目標練習，等長收縮的時侯可吐氣或吸氣或是自然呼吸，自由選擇，等長收縮時要感覺到的是側邊肌群的收縮，而非頸椎的擠壓。

- 離心收縮頸部側邊肌群 2 至數秒，離心時吸氣或是吐氣，將頭部以控制的方式放回預備位置。

- 從預備位置到側邊屈曲約 45 度再回到預備位置，即完成 1 下。

- 反覆練習到感覺痠之後停下，記錄該組的次數。

- 通常建議練習 1 到 3 組。

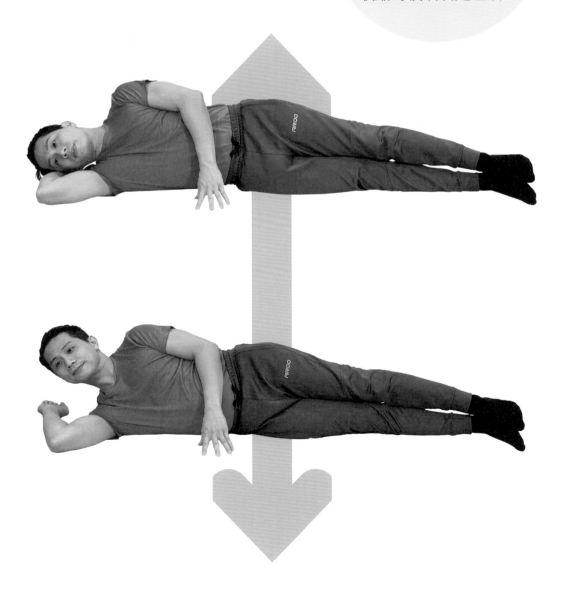

運動傷害預防和優化訓練

» 為了優化訓練,建議練習的時候平視前方,不要閉眼練習,以確保側屈的方向正確。

» 為了優化訓練和預防運動傷害,側屈之前要確實將頸椎延伸拉長後再開始練習。

» 為了預防運動傷害,對頸部較為緊繃的學員,建議縮小可動範圍練習。

» 為了防傷,建議最快節奏以向心收縮 2 秒,離心 2 秒的方式練習,應避免快速甩頭。

» 練習過程如果有不適的感覺,應該立即停下。

 可以縮小可動範圍,也可以在頭側邊放一顆小抗力球,過程中可以輔助側屈。

 可以加大可動範圍在抗力球或是核心床上練習,或是更進階的方式是高階教練用徒手的方式增加阻力。詳情請見皮拉提斯器械教練課程或是矯正運動教練課程。

Neck Extension
頸伸展

動作目的	關節動作	主要訓練肌肉
啟動、維持或活化頸椎伸展肌群	頸伸展	斜方肌上段、提肩胛肌、頭夾肌、頸夾肌、頭後大直肌、頭後小直肌、頭上斜肌、頭半棘肌、頭最長肌、頸最長肌、頸髂肋肌、多裂肌、旋轉肌、橫突間肌、棘突間肌

預備動作

- 趴在地墊上後，面向地板，將雙腿伸直，保持雙腿平行，髖部、膝蓋、腳踝、第二根腳趾頭排列成一直線。

- 盡量保持骨盆和腰椎中立，如恥骨感覺到壓迫的話，可以墊個毛巾在恥骨和地墊之間，保持脊柱延伸拉長，維持肩胛骨在中立位置，將頸椎延伸，用額頭點地，如果有戴眼鏡的話，建議可先將眼鏡拿下，有利於達成期望的可動範圍練習。

- 兩手臂自然伸直在身體左右兩側，建議保持肩關節中立，橈尺關節旋外，手掌心放置在地墊上。

- 吸一口氣預備。

動作方式

- 吐氣時，向心收縮頸伸展肌群，大約 2 到 4 秒，頸伸展範圍到約 20 到 45 度，視個人狀態而定，過程中記得保持延伸拉長，也留意不要側曲頸部。

- 等長收縮時，可以吐氣停留數秒，也可以停留在末端可動範圍數個呼吸，過程自然呼吸即可，可是記得不要過度鼓起腹部。

- 吸氣時，離心收縮頸伸展肌群，大約 2 到 4 秒，以控制的方式將頭部緩緩降回額頭點至地墊的預備位置。

- 從預備位置到抬起再回到預備位置，即完成 1 下。

- 反覆練習動作直到感覺痠或是達到想要進行的秒數後停下，記錄次數或是停留秒數。

- 通常建議練習 1 到 3 組，視目標而定。

運動傷害預防和優化訓練

» 為了預防頸椎椎間盤壓迫，一定要先保持頸椎延伸拉長後才可以開始練習動作。

» 為了預防運動傷害，所以頸部伸展的時候，不建議超過 45 度，以利安全練習。

» 為了要優化訓練和訓練肌群的彈性，所以建議額頭點回地墊再反覆抬起，有助於促進肌纖維彈性和張力。

頸中立版

呼吸方式

向心收縮時吐氣。等長收縮時吐氣或是自然呼吸。離心收縮時吸氣。

頸後屈版

 退階 可以用手扶著頭部練習，以減輕重量，或是可以縮小可動範圍。

 進階 可以減少支撐底面積，用站姿前俯姿練習，或是在抗力球上練習，或是用彈力帶增加阻力，或是用徒手肌力訓練法練習。（關於徒手肌力訓練法，請洽詢矯正運動專家證照。）

MEMO

5.6

健身房常見
訓練動作

學習目標

- 學習和了解健身房常見訓練動作,並且學習如何預防運動傷害。
- 應用健身房常見訓練動作於健身教學指導。

學習大綱

- Sumo Squat 相撲深蹲
- Sumo Deadlift 相撲硬舉
- Hip Thrust 臀推
- Lateral Tube Walk 彈力帶側走
- Face Pull 臉拉

Sumo Squat
相撲深蹲

動作目的	關節動作	主要訓練肌肉
啟動臀肌、提升下半身穩定度，發展下半身肌耐力、肌肉量和肌力	髖伸展、髖內收、膝伸展、屈蹠	臀大肌、股四頭肌、腿後腱肌群、內收長肌、內收短肌、內收大肌、恥骨肌、股薄肌、腓腸肌、比目魚肌

預備動作

● 根據健身目標和體能現況選擇合適的訓練方式和重量。

● 若是選擇槓鈴的話，將雙腳踩得比肩膀還要寬，從股骨外旋約 30~45 度角，對齊第二根腳趾頭和膝蓋中線。

● 十隻腳趾頭張開往地板踩，保持踝關節中立，膝蓋微彎，注意足弓不要塌陷。

● 維持骨盆、腰椎中立，脊柱延伸拉長，腹部整圈收緊微微用力，平視前方。

● 若選擇槓鈴，將槓鈴扛在上背部，斜方肌上部的位置，千萬不可以放在脖子頸椎上面，雙手握緊槓鈴，保持肩胛骨內收，挺胸抬頭，不要低頭，如果後背槓因為肩膀可動範圍不足而不舒服的話，可改成頸前蹲。

● 吐一口氣準備。

動作方式

● 吸氣的時候，以髖主導開始動作，屈髖、屈膝，兩邊平均離心收縮臀大肌、股四頭肌、內收肌群、小腿肌群，離心收縮約 1 至數秒，視健身目標而定，若是要提升穩定度，離心收縮秒數會增加約 4 到 5 秒，若是要訓練爆發力，離心收縮時間會減少至 1 秒以下，可是還是要確實離心收縮。不要以自由落體的方式墜下。

- 離心階段，要保持腹部整圈用力收緊，腹部不要放鬆使腰椎過度前凸，也不要抬頭，因為下蹲時是維持頸部關節中立，所以平視前方時，視線會因為屈髖的關係變成往斜下看向地板。

- 下蹲時像是往後蹲坐的感覺，通常下降到和椅子一樣的高度，膝蓋約 90 度的位置，以膝蓋不超過腳尖為原則。在下蹲和站起時，必須確實將膝蓋中線對齊第二根腳趾頭，不可過度將膝蓋內倒或外倒，以免造成膝蓋內側或外側損傷。有特定目標的人會建議全蹲到底，下蹲可動範圍視運動目標、個人自評感覺和教練評估建議綜合考量而進行。

- 等長收縮時吐氣，若下蹲至和椅子一樣高的高度時，可以選擇性等長收縮 0 至數秒，視健身目標而定。還是要避免憋氣時間過長產生努則現象而造成身體負面反應。

- 吐氣時向心收縮，雙腳確實往下踩（利用反作用力），以髖主導動作，收縮臀大肌、大腿肌群、小腿肌群往上站直，回到預備位置。要小心站直的時候不要過度伸展膝蓋而鎖住膝蓋，也要小心不要將髖部過度前推，或是骨盆沒有回到中立位置而以腰部代償的方式站立，那樣會給腰椎過多的壓力。也要小心站直的時候，不要伸展胸椎，以避免擠壓背部肌群或是造成椎間盤突出。站立回來時，記得保持頸椎中立，回到視線平視前方，頭部不要前引，以維持頸椎安全。

- 從預備位置到下蹲再回到預備位置，即完成 1 下。

- 反覆練習動作直到感覺痠或是達到想要進行的秒數後停下，記錄次數和練習重量。

- 通常建議練習 1 到 3 組，視目標而定。

運動傷害預防和優化訓練

» 為了預防膝關節損傷，雙腳外旋 45 度要從股骨進行動作，小心不要從膝關節外旋，以避免拉傷和扭傷。

» 為了防傷和優化動作，要記得留意站直回到預備動作的時候不要過度伸展膝關節而鎖住膝關節。

» 不建議站直時將髖部往前推，以動作優化來說，回到中立位置即可。

» 防了防傷和優化訓練，記得要從臀部發力，不要用腰部代償承重，也要小心站直的時候不要撅屁股將腰椎過度伸展，應該將骨盆和腰椎站回中立位置。

» 站直時候，要小心不要伸展胸椎，以避免造成背部肌肉過度擠壓或是椎間盤突出。

» 站直的時候，不要看向上方，以避免往後跌倒，千萬要注意。

» 選擇重量應該要量力而為，不應該以不標準的姿勢練習動作，動作標準優先於重量增加。

» 有高血壓或是心血管疾病者不應該用憋氣的方式練習。

» 如果要用憋氣的方式練習的話，千萬要注意不可以用超慢的方式練習，通常會建議一下少於 10 秒會比較安全。

» 使用槓鈴時，記要用護槓以策安全。

 可以減輕重量，也可以先從徒手練習，或是縮小可動範圍，或是增加底面積，也可以從椅子上站起來和坐下來。

 先確定動作是標準、安全的，再增加重量，或是加上上半身變化，比如說相撲深蹲（Sumo Squat）再加上過頭肩推（Dumbbell Overhead Press）。

呼吸方式

離心收縮時吸氣，等長收縮時吐
氣，向心收縮時吐氣。
或是吸一口氣準備，離心收縮、
等長收縮和向心收縮都憋氣完成，
但動作時間不要太長。
以一般日常生活功能型訓練而言，
不建議憋氣練習。

Sumo Deadlift
相撲硬舉

動作目的	關節動作	主要訓練肌肉
提升下背部、身體後側穩定度，提升臀肌、身體後側肌耐力、肌肉量和肌力	髖伸展、髖內收、膝伸展、屈蹠	主動肌：臀大肌、股四頭肌。 協動肌：腿後腱肌群、內收肌群。 穩定肌：腹肌群、骨盆底肌、豎脊肌群、斜方肌、屈腕肌群

預備動作

- 根據健身目標和體能現況選擇合適的訓練方式和重量。

- 若是選擇槓鈴的話，往槓鈴的方向走，讓小腿靠近槓鈴，預留約 3 公分的距離。

- 將雙腳踩得比肩膀還要寬，從股骨外旋約 30~45 度角，膝蓋中線對齊第二根腳趾頭。

- 將槓鈴置於腳掌心上方。

- 十隻腳趾頭張開往下踩，保持踝關節中立，小心足弓不要塌陷，膝蓋微彎。

- 屈髖，將雙手以旋下或旋上或正反握法握緊槓鈴。

- 維持腰椎中立，脊柱延伸拉長，腹部整圈收緊微微用力。

- 保持肩胛骨內收，肱二頭肌收縮參與穩定動作，挺胸抬頭，不要低頭，要留意不要過度下壓肩胛骨，視線平視前方地板。

- 吸一口氣準備。

動作方式

- 吐氣或憋氣時，先向心收縮臀大肌、腿後腱肌群、內收肌群，再向心收縮股四頭肌，向心收縮 1 至數秒，記得要先做伸髖動作再做伸膝動作，否則有可能會造成臀部高於肩膀而圓背，那樣很危險。

- 伸髖到站直,站起時,髖部不要往前頂出去,應該保持側面觀察時,耳垂、肩峰和大轉子一直線和地板垂直,過度推髖有可能會造成腰椎周邊椎間盤壓迫,所以要練習站到中立位置。

- 伸髖到站直的過程中,要留意保持核心部穩定,脊柱延伸拉長,保持軀幹部位的剛性很重要,這也是為什麼職業選手在練習大重量的時候會以憋氣伐式操作法(Valsalva maneuver)練習。

- 伸髖到站直的過程中,不可以圓起下背或圓起上背,也不可以將肩胛骨外展,同時不可以過度伸展頸椎,以上的動作都一定要避免以防傷。

- 伸髖到站直的過程中,雙手要握緊,不可鬆懈。也不建議將肩胛骨過度下壓,那樣有可能會造成背痛。

- 伸髖到站直的過程中,要保持二頭肌用力,不可以放鬆,特別是用雙反握的方式,二頭肌不用力的話會很容易造成撕裂傷。

- 以健力比賽規則來說,站直後要將膝蓋鎖定,不過,如果只是一般功能型訓練的話,建議不要站直到將膝蓋鎖住,因為常練習鎖住膝蓋也有可能會讓膝蓋受傷,半月軟骨或是韌帶的損傷都有可能。

- 站直時,不要伸展胸推,也就是凹腰,那樣有可能會造成椎間盤突出,應該站到直立就好。

- 站直時,請保持肩胛骨中立,不要過度聳肩,也不要過度後收肩胛骨,以中立位置訓練最安全。

- 以硬舉來說,站直時是最省力的時候,所以除了比賽需求之外,可以不用停留太久,接著做離心收縮。

- (很重時)憋氣,(很輕時)吸氣,或是吐氣,離心收縮主要訓練肌群,將槓鈴或是重量以控制的方式放回地面,不要用自由落體的方式摔下重量,否則無法訓練到離心階段。

- 從預備位置到站直,再回到預備位置即完成一下。

- 根據健身目標和體能現況挑選合適重量,練習到痠後,記錄次數和組數。

運動傷害預防和優化訓練

» 為了防傷，不一定要勉強自己練習 1RM，也就是最大肌力，如果沒有要比賽，想要知道自己的最大肌力的話，也可以用反推算的方式計算。

» 為了防傷和優化動作，要注意兩腳不要外旋超過 45 度，因為那樣可能使小腿外旋，對於膝蓋會產生異常壓迫。

» 為了防傷和優化動作，千萬要小心：

■ 站直的過程，膝蓋不可以內扣，以避免關節損傷。

■ 站直的過程，不要圓背，下背和上背都不可以，以避免脊椎損傷。

■ 站直的過程，不要過度仰頭，小心頸椎受傷。

■ 站直時，不要鎖住膝蓋。

■ 站直時，不要將髖頂出去，小心臀部外旋肌群過度收縮，也要小心腰椎的損傷。

■ 站直時，不要凹腰，過度後收肩胛，以避免背痛。

■ 站直時，不要用力咬牙，以避免牙齒斷裂。

■ 練習時，不要憋氣太久，以避免昏倒和中風。

■ 練習時，有血壓和心血管疾病的練習者，千萬要避免憋氣。

» 量力而為是最安全的。

退階 可以減輕重量，也可以先用徒手練習動作，或是用一根桿子放在背後，貼齊薦椎、上背和後腦杓，練習屈髖和伸髖。

進階 可以增加重量，或是回到傳統式硬舉，或是進階到將重量放在肩膀上方練習早安運動。

參考資料：

• Dan Austin and Bryan Mann, PhD. "Powerlifting: the Complete to Technique, Training and Competition, 2nd edition."

• https://www.physio-pedia.com/Hip_Extensors

• https://www.muscleandmotion.com/sumo-deadlift/

• https://www.strengthlog.com/sumo-deadlift/

呼吸方式

負重很重的時候,吸一口氣預備,
憋氣完成向心和離心收縮一下,
如果要練習多下的話,可以放下
時的空檔吸氣。
負重不是很重的時候,可以在吸
氣時離心收縮,吐氣時向心收縮,
也可以吸一口氣準備,吐氣完成
向心和離心收縮。

45 度角觀

正面觀

Hip Thrust
臀推

據科學研究結果顯示，槓鈴臀推可以有效啟動臀大肌[1]，並且可以提升跑步的衝刺速度。[2]

動作目的	關節動作	主要訓練肌肉
啟動臀大肌、提升臀部穩定度、肌肉耐力、肌肉量	髖伸展	臀大肌

預備動作

● 根據健身目標和體能現況選擇合適的訓練方式和重量。

● 建議使用專用的臀推重訓器材，因為可以降低動作不準確的風險，負重的方式也會比較舒服和合適。

● 如果選擇槓鈴的話，先將槓鈴肩墊護套套在槓鈴上。

● 坐在地上或是墊上，將槓鈴置中靠在髂前上棘下方，也就是髖曲溝槽（Hip Crease）的位置，注意左右邊平均，雙手以旋下握法握緊槓鈴。

● 雙腳排列平行，髖部、膝蓋中線、腳踝和第二根腳趾頭一直線，小心足弓不要塌陷，用足底三角頂支撐，十隻腳趾頭要張開往下踩，不要翹起。

● 將上背部肩胛骨部位靠在舉重椅上方。

1　Neto, W. K., Vieira, T. L., & Gama, E. F. (2019). Barbell Hip Thrust, Muscular Activation and Performance: A Systematic Review. *Journal of sports science & medicine, 18*(2), 198–206.

2　Williams, M. J., Gibson, N. V., Sorbie, G. G., Ugbolue, U. C., Brouner, J., & Easton, C. (2021). Activation of the Gluteus Maximus During Performance of the Back Squat, Split Squat, and Barbell Hip Thrust and the Relationship With Maximal Sprinting. *Journal of strength and conditioning research*, 35(1), 16–24. https://doi.org/10.1519/JSC.0000000000002651

- 維持在預備位置屈髖時，維持骨盆和腰椎中立，小心不要凹腰，維持脊柱延伸拉長一直線，腹部整圈收緊，頸椎延伸拉長，平視前方。
- 吸一口氣準備。

動作方式

- 吐氣時，將雙腳往地板踩穩，向心收縮臀大肌 1 至數秒，利用往下踩的反作用力將髖部和負重重量往天空方向上推，推到從側面觀耳朵、肩峰、大轉子、膝蓋外側一直線，記得維持腹部收緊，維持兩腳掌平行，對齊 12 點鐘方向。
- 在末端可動範圍時，感覺臀大肌收緊，不過不是用力夾臀，注意用力的方向，維持髖部伸展動作的方向用力，是往下踩那樣的收緊臀部，吐氣時，等長收縮 0 至數秒，視健身目標而定。
- 吸氣時，離心收縮臀大肌 1 至數秒，屈髖，要記得不是凹腰（伸展腰椎）的動作，維持腹部整圈收緊，脊柱延伸拉長，軀幹部像是翹翹板一樣，以上背部倚靠的位置為支點，臀部下降時，頭部上升，保持平視前方，注意不要仰頭，小心頸部的異常壓力。回到預備位置。
- 從預備位置到將臀部上推的末端可動範圍再回到預備位置，即完成一下。
- 反覆練習到感覺主要訓練部位痠後停下，記錄該組重量和次數。

運動傷害預防和優化訓練

» 為了優化訓練和防傷，要避免在向心收縮時先伸展腰椎，因為那樣會導致啟動順序不對：先啟動豎脊肌群，而不是先啟動臀大肌。

» 也要避免在練習動作過程，做出小腿外旋的動作，如果出現小腿外旋的動作的話，代表腿後的股二頭肌代償動作，如此會降低訓練的效益，所以應該避免小腿外旋。

» 在末端可動範圍時，不要夾臀，以避免夾傷肌肉。

» 在末端可動範圍等長收縮時，記得是收縮臀大肌，不是收縮內收肌群或是括約肌，要聚焦在主要訓練的肌肉，否則表層臀大肌的參與度會下降。

» 離心收縮時，記得從髖部動作，不要凹腰將身體下降，軀幹部應該像翹翹板一樣，記得不要活動脊柱關節，也不要仰頭或是低頭，以免拉傷頸部。

» 若是選用舉重椅作為支點支撐，要選擇夠穩重或是有靠住重物抵住的，否則如果練習重量很重的話，舉重椅有可能會在練習過程滑動，增加受傷的風險。

 可以減輕重量，或是增加底面積，選擇專門為臀推設計的器材，會相對安全很多。

 可以選擇加重，或是除了槓鈴重量之外加上超強彈力帶，可以進化成適應性阻力訓練。

呼吸方式

吐氣時向心收縮，等長收縮時吐氣，吸氣時離心收縮。

Lateral Tube Walk
彈力帶側走

動作目的	關節動作	主要訓練肌肉	次要訓練肌肉
● 提升髖部外展肌群穩定度和肌肉耐力。 ● 維持髖部、膝蓋穩定度，避免損傷。 ● 提升平衡能力，預防跌倒。	髖外展	臀中肌、臀小肌、闊筋膜張肌	梨狀肌、縫匠肌、臀大肌

預備動作

● 根據檢測結果和體能現況，選擇合適的阻力係數之彈力帶。

● 將彈力帶套在膝蓋之上，大腿外側的位置。

● 採運動員姿勢，微屈髖、微屈膝、屈肘。

● 保持核心整圈用力，穩定核心，脊柱延伸拉長，肩胛骨中立，視線平視前方。

● 腳趾張開踩下，雙腳向下踩穩，維持踝關節中立。

● 排列髖、膝蓋、腳踝、第二根腳趾頭一直線，兩腳掌平行，雙腳不要外八，膝蓋不要內倒，維持髖外展肌出力維持彈力帶位置。

● 吸一口氣準備。

動作方式

● 吐氣時，向心收縮臀中肌、臀小肌、闊筋膜張肌 1 至數秒，將一腳抬起向外展，往側邊的方向移動。向側邊跨步的時候，記得維持髖、膝蓋、腳踝、第二根腳趾的排列，練習此動作時不要將膝蓋內倒。

● 一腳踩下後，保持雙邊髖部外展肌群用力參與，膝蓋不要被彈力帶拉向身體中心線，等長收縮 1 至數秒，記得雙腳要踩穩，不要外八，腳踝也要維持中立。

- 一腳踩下後，踩穩，將另一腳離開地面，離心收縮髖外展肌群 1 至數秒，收回大約與髖同寬的位置，然後踩下。
- 從預備位置到一腳離地往側邊跨步，再到另一腳離地，離心收縮主要訓練肌肉收回踩下後，即完成一下。
- 可以連續向一邊側走再換邊，或是連續左右側走換邊。
- 反覆進行到感覺痠後停下，記錄該組阻力和次數。
- 通常練習 1 到 3 組。

運動傷害預防和優化訓練

» 為了預防膝蓋內側副韌帶和半月軟骨損傷，練習動作過程，要記得膝蓋不要向內倒，應保持髖、膝蓋、腳踝、第二根腳趾頭一直線的排列。

» 為了預防腳和腳踝異常壓力，往側邊移動時，記得將腳趾頭張開踩下，保持足部三角頂穩定著地，並且維持腳踝中立。

» 為了優化訓練，練習時須注意大腿不要外旋，否則髖外展時會使股四頭肌外側頭變成主動肌，導致法準確有效地訓練到髖外展肌群，所以記得保持膝蓋對向前方。

呼吸方式

向心收縮時吐氣。等長收縮時吐氣或自然呼吸。離心收縮時吸氣。

 退階 選擇較輕的彈力帶練習，或是增加底面積或是支撐練習，例如一手扶著牆壁練習動作。

 進階 選擇較重的彈力帶，或是增加抗力臂將彈力帶放在腳踝之上小腿的位置練習。

離地

離地

Face Pull
臉拉

動作目的	關節動作	主要訓練肌肉	次要訓練肌肉	穩定肌
● 提升上背部的穩定度。 ● 強化肩膀的穩定度和肌耐力。 ● 提升肩外旋的肌耐力。	肩水平外展、肩外旋	三角肌後束、棘下肌、小圓肌	肱二頭肌、肱橈肌、肱肌	斜方肌、菱形肌、豎脊肌群

預備動作

● 根據檢測結果和體能現況,選擇合適的訓練方式和重量。

● 若選擇坐姿和使用滑輪鋼索機,先將滑輪位置調整到約與肩同高的位置,雙手以中立握法緊握三頭肌繩,坐在舉重椅上。

● 坐在雙手臂足以伸直的距離。

● 將雙腳踩穩,排列髖、膝蓋、腳踝、第二根腳趾頭一直線,腳尖對齊前方約 12 點鐘方向,膝蓋 90 度,骨盆和腰椎中立,坐骨坐穩。

● 腹部微微整圈用力,保持核心穩定,脊柱延伸拉長,豎脊肌群維持等長收縮,肋骨收穩,不要做出腰椎或胸椎伸展動作。

● 肩胛骨後收,穩定肩胛骨的位置,不過不需要將肩胛骨往身體中心線夾在一起。

● 頸椎延伸拉長,視線平視前方。

● 吸一口氣準備。

動作方式

● 吐氣時,向心收縮三角肌後束約 1 至數秒,將手肘往肩膀左右兩邊外展,往 3 點鐘和 9 點鐘方向外展,拉到手肘在肩膀兩邊,同時,向心收縮棘下肌和小圓肌 1 至數秒,外旋肱骨將拉繩往臉的方向拉,約介於鼻子和

額頭之間，將握把拉到耳朵左右兩邊的位置，不要超過耳朵，拉到肱骨與地面平行，前臂從側面觀時，與地板平行的位置即可。

- 等長收縮時吐氣或自然呼吸，確實感覺肩膀後側肌肉和外旋肌群收縮用力，等長收縮 0 秒或數秒。

- 離心收縮時可協調肩水平內收和肩內旋同時動作，也可以先離心收縮棘下肌和小圓肌先做肩內旋再做水平內收，離心收縮 1 秒或數秒，建議離心收縮秒數大於向心收縮秒數，有助於肩膀在運動時預防傷害，離心收縮回到預備動作時即完成一下。

- 反覆練習動作到感覺痠後停下，記錄該組重量和次數。

- 通常反覆練習 1 到 3 組，視健身目標而定。

運動傷害預防和優化訓練

» 為了優化訓練，記得動作過程要保持核心穩定，脊柱延伸拉長，豎脊肌群維持等長收縮，肋骨收穩，不要做出腰椎或胸椎伸展的代償動作。

» 為了防傷，練習動作過程，記得維持肩胛骨後收，穩定肩胛骨的位置，不過不需要將肩胛骨往身體中心線夾在一起，因為那樣有可能會夾傷肩胛骨到胸椎的中間小肌群。

» 為了優化訓練，向心收縮時的動作範圍拉到肱骨與地面平行，避免做出肩內收的動作，肩膀內收的話會變成是背闊肌在進行動作，應該要做出肩水平外展的動作，以三角肌後束進行動作練習。

» 為了防傷，向心收縮時的動作末端可動範圍，前臂從側面觀時，拉到與地板平行的位置即可停止，以避免肩膀過度外旋，反而造成損傷。

» 為了避免血壓升高太多，練習時請不要憋氣。

» 為了預防拉傷，動作節奏請穩定，不要忽快忽慢。

呼吸方式

吐氣時，向心收縮。等長收縮時吐氣或自然呼吸。離心收縮時吸氣，重量較重時離心收縮時也可以吐氣，以維持核心穩定的剛性。

 退階　減輕重量練習，或是增加底面積，運動舉重椅斜躺在舉重椅上練習，動作會變簡單。

 進階　選擇增加重量，或是減少底面積練習，像是站姿或是站姿前俯練習的話都會增加動作難度，對於核心穩定也會增加挑戰。

MEMO

第六篇

課程設計和執行

6.1
重量訓練變項

　　教練應該依照學員的體能狀態和現場可以利用的器具進行教學，適當的進階和退階，進階意思是以相對困難的方式進行練習，退階意思就是以相對簡單的方式訓練。適當的調整會讓學員感受良好，因為不會覺得太難或是太簡單，也不會因為一個動作做不來而花太多時間停留在同一個動作上面。

　　重量訓練的變項包括以下：

1 支撐底面積

　　建議教練們善於使用底面積的變化進行教學，以站姿前俯後飛鳥的動作為例，對大部的初學者來說都太難了，可是現代人的三角肌通常都很弱，那該怎麼辦呢？我建議可以躺在舉重椅上練習，仰臥高划船，這樣學員核心獲得支撐，可以專心在肩膀後側的肌肉徵召，也不用擔心前俯角度太小，上斜方出力太多的狀態，實在是一舉多得。

2 參與動作的關節數量

　　以選擇相同重量來說，參與動作的關節越多代表參與的肌群也越多，通常難度就會下降，相反的，參與的關節越少、肌群越少，難度相對會提升。

3 槓桿長度

　　學員的身高越高，骨頭也會越長，如此一來，同樣的重量，對於手長腳長的人可能會更困難。

4 器材選擇

初學者適合大型器材，因為有坐墊和靠墊，身體都能獲得支撐，動作的軌道、方向和可動範圍都有預先設定好。越有經驗的學員越適合自由重量。

5 重量

重量越重越難，越輕越容易，重量選擇不是越輕越好，也不是越重越好，而是要挑選最適合的。我經常強調，從重量的選擇可以看出教練下強度的準度，也能看出教練的教學經驗和能力。

6 速度

初學者因為要知道徵召哪些肌群，所以應該要做慢一點，並且保持離心收縮控制，進階者因為可能要練習爆發力，所以動作會越快，無論如何都一定要保持控制和安全。

7 節奏

節奏的變化請根據肌力分階訓練選擇合適的。如果要練習最快或超慢的話，應該要提前示範、說明、再度示範。

8 次數

次數和強度是相對的，重量越重可以練習的次數越少，在有教練輔助的情況下，每組有機會可以多做 1 到 2 下，有助於進步，前提是動作一定要保持正確。

9 組數

在一樣的重量和次數的選擇下，組數越多，訓練的強度就會越強，要留意中間休息時間。

🔟 休息時間

組間休息時間是大家通常會忽略的變項，休息時間越長，訓練強度越低；休息時間越短，訓練強度越高。教練們記得要管理學員的組間休息時間。如果有學員喜歡休息很久的話，建議在課程一開始時，就和同學預告今天可以練習看看縮短組間休息時間，先讓學員有心理準備。

11️⃣ 呼吸方法

以健康體適能來說，保持練習向心收縮時吐氣，離心收縮時吸氣的呼吸方式即可。健力選手和舉重選手會運用憋氣的方式提升核心的剛性，這樣的方式比較進階，不建議一般民眾練習，有高血壓和曾發生過腦血管意外的學員更不應該這樣練習。

12️⃣ 練習平面

當訓練平面越平穩，反作用力就會越直接，所以越平穩越簡單，越不平穩越困難，舉例來說，在抗力球上做動作會比較難。

13️⃣ 周圍環境

溫度大約攝氏 22~24 度是人體感覺舒適的溫度，濕度大約 50~60% 是相對舒服的濕度，周圍環境如果越熱、越濕、風越大的話，訓練就會越困難。有些學員的健身需求可能會需要在戶外上課，做耐熱或耐寒訓練，或是需要適應地形和風阻，那就要另外考量周圍環境作為變項。室內還是相對舒服很多的環境。

重量訓練的各種方法

　　訓練應該是有趣、多元的，不應該是單調、無聊的，無聊的訓練會降低學員的參與意願，教練應該根據學員的健身目標、健身進程、體能現況、個人喜好，選擇合適的訓練方法。

1 單組式訓練

　　單組式訓練最適合初學者，每一個動作做一組，不會太累，一堂課可以練到 8~12 個動作：核心、臀、腿、推、拉、扭轉、肩膀、手臂、想要訓練的小肌群。

2 多組式訓練

　　對於想要提升肌耐力、想要發展的肌肉的學員，應該選擇多組式訓練，每個動作進行 3~6 組，提升訓練有效性。

3 超級組訓練

　　連續兩個動作緊接著訓練，可以強化同一肌群，比如說胸推和飛鳥兩個動作一組，有助於肌肉發展，也可以提升動作轉換率；比如說負重深蹲和蹲跳，有助於爆發力提升。超級組也可以做拮抗訓練，比如說，胸推和高划船，兩個動作一組中間不休息，可訓練到拮抗肌群，有助於避免肌肉發展不平衡。

4 金字塔訓練

　　從輕的重量開始，然後一組一組加重，重到推不動之後，再一組一組減輕。這是很吃力的訓練方式。

5 循環訓練

類似單組式訓練，不過循環訓練時，中間盡量不休息，一個一個緊接著訓練，每個動作訓練不同部位，練習起來很有趣，可是也考驗學員記憶力，因為組間中間盡量不休息，所以通常一次要記憶好幾個動作，有助於活化大腦。且因為中間不休息，也有助於燃燒多餘脂肪，如果選擇強度較低的動作，等於也是用肌力動作做有氧的訓練。

6 心肺周邊訓練法

交替上下半身的肌力訓練，因為這樣訓練會反覆調動血液上下流動，所以訓練起來心跳會比單一部位訓練來得快。根據研究，除了可以提升肌力之外，也有燃燒多餘脂肪的效果。

7 肌肉優先訓練法

先訓練比較弱、比較挑戰動作的訓練法，因為訓練到中後段會越來越疲勞，如果在疲勞的時候去訓練較弱或是較挑戰的動作的話，動作品質可能會更差。當然也可以優先訓練想要訓練的肌群。

8 超循環訓練法

穿插重量／阻力訓練和有氧運動，根據科學研究，此訓練法有助於增肌減脂。以現場教學經驗來說，對於增肌減脂真的很有效。

9 離心訓練法

強調離心階段的訓練方法，因為根據科學研究，離心收縮刺激有助於肌肉發展，因此發展出離心訓練法，可以透過特殊器材或是有教練輔助加強離心收縮階段的訓練，促進肌肥大。

運動後恢復：營養和睡眠

在訓練界，只要講到體能訓練，就應該都聽過一個三字訣竅：練、吃、睡。

做重量訓練／阻力訓練是刺激身體適應，雖然在訓練的時候，肌群會充血變大，可是在訓練的過程中體內其實是不斷在進行分解代謝，而不是在合成，所以在訓練時身體沒有在進步，而是在接受刺激。所以，練完要吃好，吃完要睡飽，身體會透過均衡的營養、充足的睡眠，進行超補償適應的進步。

1 要怎麼吃呢？

針對有特殊狀態的人，可轉介給營養師進行諮詢，或是找合作的營養師協助諮詢，以進行個人化飲食建議。

飲食的部分，身為教練，我們只能給出一般性的建議。

❶ 水

水是非常重要的營養素，一定要足量補充，平均來說，一公斤體重每天要補充 30CC 的水，要分次喝。

❷ 碳水化合物

一般的建議是每餐一個杯狀手的分量，三餐定時，量視活動量而定。現代人很怕攝取碳水化合物，是一個很普遍的現象，可是人體的體力來源是需要碳水化合物的，燃燒身體多餘脂肪也是需要碳水化合物的，碳水化合物攝取有一個重點就是要選擇低 GI，也是低升糖指數的碳水化合物，搭配纖維吃，可以避免血糖快速升高，發展成易胖體質。

❸ 維生素、礦物質

各種富含纖維、維生素、礦物質的青菜，每餐大約吃一個拳頭的份量（煮熟後的）。

❹油脂

人體細胞必須要有油脂作為重要成分之一。脂溶性纖維也需要油脂協助吸收，油脂要攝取每餐大約一個大拇指的份量，以單元不飽和脂肪酸為主，像是橄欖油。要避免攝取反式脂肪。

❺蛋白質

以一般人來說，蛋白質每餐要攝取一個手掌的份量，攝取太少的話肌肉發展階段的進步會受限，攝取太多的話有可能會發胖。以公克數來計算，每公斤的體重攝取 0.8 克蛋白質即可，如果有訓練的話最多可以增加攝取到每公斤 2.0 克。以 50 公斤的女性為例，一般每天攝取 40 克蛋白質即可，有做訓練則最多可以攝取到 100 公克。如果腎臟有特殊情況的民眾，應該個別諮詢醫師和營養師。

排便：建議每天排便，有助身體代謝，維持健康。

2 要怎麼睡呢？

建議男性每天睡眠 8~9 小時，女性每天睡眠 7~8 小時。

以理論和實踐來說，基本上，根據以上方式練、吃、睡，可以有助於促進健康、提升體能。

祝福大家早日達成健身目標，安全有效的快樂運動促進健康。

附錄
學員見證

小君教練

　　在進行訓練時，群甫教官會以力學的角度進行分析，確定在指導學員進行動作練習時，目標肌群可以有效地被徵召和參與訓練。群甫教官也時常提醒我在教學的時候觀察同學的肌肉充血狀態以及臉色變化。很多時候，群甫教官在教我如何指導重量訓練的時候，會透過矯正運動的角度切入，教我如何以矯正運動的方式進行重量訓練。

　　因為群甫教官本身是矯正運動專家，所以在教學指導重量訓練的動作時不只是只有做動作而已，而是會包含很多細節，無論是教官自己在教學時或者是在傳承教授給教練們的內容都有很深入的詳細解說！我應用了群甫教官所教我的矯正運動型的重量訓練，讓我在教學的時候，幫助學生除了訓練肌肉之外也改善了體態，還可改善平常維持姿勢的方式，這樣子的訓練方法跟坊間反覆訓練同一部位的方式有很大的差異！

　　感謝教官的耐心、提點和教學！

教官媽媽

　　Hi！我是樂適能群甫教官的媽媽，非常熱愛舞蹈，從「學齡」跳到「樂齡」，一直自覺手腳靈活。直到某年的某月，在起步小跑過街時居然「絆倒」，莫名滑跤側摔，跌坐在地，因此挫傷！

　　從那一刻開始「正視」了核心和雙腿肌力急需要鍛鍊起來！於是開始接受重量訓練和矯正運動訓練，循序漸進加強核心的力量以及掌控肢體的正位與平衡。

　　膝蓋，因為股四頭肌的訓練變得穩定強壯了！蹲下站起來時不再發出「咔咔」的聲音，也改善了走路外八和駝背的習慣，雙腿也更有力了！

傅教練

　　原本我是有氧老師，後來在 2020 年，參與群甫教官開的教練培訓班，從那個時候就學到了關於重量訓練的理論和教學的基礎，拿到證照之後，我開始在樂適能運動教室教私人教練，群甫教官會在日常會議中，針對學員不同的身體情況，和我商討和發展量身打造的客製化訓練策略。對我來說，群甫教官根據觀察後和我討論與發展的訓練策略，都是很精準、實用和有效的！

　　目前我印象最深刻的是群甫教官對於肩膀周邊訓練的見解和方式，舉例來說，有一個學生的肩膀狀態時常不穩定，群甫教官就和我分享訓練肩膀的策略和方式：針對不穩定的肩膀，先判斷學員緊繃的區域在哪裡，再以矯正運動系統化的方式先放鬆再進行伸展，接著將肩胛骨擺放回中立位置之後，再開始訓練比較弱的肌肉，譬如說肩膀後側的三角肌，這樣子的訓練程序，所產生的效果不只有強化到肩膀周邊的肌肉，還可以讓肩關節更加穩定並且遠離疼痛！

　　矯正運動型的重量訓練和一般傳統型的重量訓練不一樣的地方，是考量更周全，並且在訓練的進程上面充滿更多的細節，也因為如此，所以不只有訓練到肌肉，對於關節保養也有效果！

張女士

　　我是一位營養師，今年芳齡只有 80 歲。因為腰椎第五節滑脫，做復健沒有進展，醫師要我做皮拉提斯增加腹部肌肉的支持力，因此跟支教官結緣，在他的指導下，從此遠離腰背酸痛的困擾。後來為了更進一步強化體能，開始練習重訓，因此我不但沒有肌少症，體能也增加很多，也不再彎腰駝背了。朋友們都說我越來越年輕，真是開心極了。感謝支教官不厭其煩糾正我的姿勢，並教導我正確的運動方法。

柯奶奶

　　我深受椎間盤凸出困擾多年，嘗試過整脊、針灸等多種民俗療法，但都治標不治本。五年前初來上課時，我的身體側彎，肉眼就可看出斜斜的；平常久坐後會站不起來，即使站起來了，身體也無法站直，要走幾步路後才能直立，但沒有辦法走太遠；日常生活中，切菜、做家事的時候，容易腰酸背痛，一旦感到不適就必須馬上躺平 10 幾分鐘，等舒緩之後才可以繼續做事；上菜市場買菜更是每走一段路就必須要蹲下休息，要不然等待著我的就是坐骨神經痛，連躺平都痛苦難耐。

　　運動這幾年，跟著群甫教官上一對一私人教練課程，除了更了解自己的身體狀況，也學會了正確的發力方法與姿勢，現在走路可以很輕鬆，身體能維持在正確的位置，通過良好習慣的養成，不管做任何事情都不會腰酸背痛。一對一私人教練課裡有矯正運動，也有重量訓練，不但能讓身體有整體的改善，身體好了，心情也變好，身心都能正向發展。

Eunice

　　有一陣子我要嘛腰扭傷要不然就是肩膀扭傷，一直在看醫生，後來運動復健科醫師忍不住跟我說：「小姐，我覺得你應該要去上肌力課，減少來看我！」

　　後來我剛好在住家樓下碰到了樂適能的群甫教官，就決定報名上一對一的私教課，從那天開始規律上課，後來也加入肌力團課，持續上了快 20 堂課，到現在不但沒有再去找醫生，連背起登山背包都覺得輕很多。

　　當然每次上重訓肌力課總會覺得肌肉酸痛，可是跟扭傷相較比起來，這算是小 case！所以我鼓勵常常會扭傷或是覺得膝蓋痛而一直在復健的人，試著上重訓肌力課程，讓自己強健起來！

焦小組

我是四年級生，因為椎間盤突出，脊椎的第四和第五節開過刀，經常會酸痛，最困擾的是坐了馬桶就站不起來，但是來上課訓練肌肉力量之後，就不再發生久坐之後爬不起來的狀況，終於可以順利站起來了！

以前走路常會不小心踢到地面，經過訓練之後，現在不會踢到地面了！晚上出去散步走路的時候，也覺得腿比較有力，走起來也比較順！

群甫教官星期二早上的皮拉提斯和循環肌力訓練，是我長期參加鍛鍊的班級，參加了一年半感覺到訓練成效，非常開心，鼓勵大家多多做肌力訓練！

蕭小姐

當了媽媽之後覺得照顧小孩非常累，偶爾有多出來的時間只想拿來睡覺跟滑手機，過得很不健康，身體也越來越重。直到某天推開教官的運動教室大門開始接受訓練，覺得生活變得很開心，因為運動本來就是一件開心的事情。

謹記教官的教導：「運動時候要微笑，嘴角上揚！」所以就算很累很酸也要假笑，哈哈哈哈～嘴角往上就對了！

跑步跟不上、舉重跟不上、深蹲跟不上……沒有關係！因為運動是在跟自己比較，比上一次進步就很棒。「加油！」——每週跟自己說，持續穩定的運動最重要。

有運動真的很開心！謝謝教官給我們正確的觀念、安全的場地，讓自己健康運動開心進步，看到有家長帶著自己國高中的孩子一起來教室運動，我彷彿也看見那天，持續運動到孩子長大，一起來教室健康運動！

蔣小姐

我是一名空服員，照理說美姿美儀是過關的，但事實上我一直有駝背（圓背）的困擾。剛開始跟群甫教官運動只是單純想瘦一點，讓線條更好看，但大家知道的⋯⋯運動到位的話會讓軟肉變肌肉（重訓更明顯），於是我的制服有略為寬鬆一點點，但站上磅秤就 GG 了，不但目標瘦 2 公斤沒有達標，還重了 2 公斤⋯⋯（當然非常有可能是我胃口太好，運動完都開心吃飽飽才是肇因）。

但不得不說，從我開始跟著教官一對一訓練後，很多我本來覺得很簡單的運動，被教官糾正姿勢後突然有變超困難的趨勢，例如最常做的平板撐，光頸背腰臀要一直線，前期我失敗超多次，甚至教官會在我背上放一根長棍讓我看自己哪裡不平！剛開始真的覺得這怎麼可能？幸好教官也慧眼金睛找出我的問題，改善我骨盆前傾的狀況並教我練背肌，我才終於做出標準的平板撐。（現在我也會挑剔的看別人：喔～那個小腹沒收，那位屁股太高⋯⋯）

對我而言，一個很有感的訓練是練背，我以前完全不知如何動肩胛骨，我甚至不明白「夾背」是甚麼意思，光是簡單的彎腰飛鳥式就搞死我，手完全無法平舉。這時我才知道原來我完全不會用背肌，當然在持之以恆的訓練後（反正如果這個動作做不到，教官總有無數替代動作可以教我，完全要訓練到底就對了），我終於也有了可以自由使力的背肌。

總而言之，群甫教官的訓練最厲害的是他總是可以看到你的問題和極限，在不會讓你受傷的狀況下讓你「咬牙切齒」練完。我很慶幸跟著教官訓練，現在我的體能狀態還常常被朋友說是「勁量電池」，也改善了體態問題，我想肌少症這件事應該短期內不會來找我啦。

林小姐

　　拜疫情之賜，樂適能運動開啟了遠距視訊運動教學，讓我得以延續10幾年來的運動習慣。

　　從50幾歲就開始每週四堂的瑜伽課，突然停下，覺得全身不對勁。自主運動又會找各種理由閃過，再加上疫情，理由就更充足了，哪知危機成了轉機！

　　樂適能運動成立了「視訊運動教學」，這下子我沒放懶的理由和藉口了。因我住新店，光來回通車時間就要3小時，能省下這時間就讓我懷著滿滿的感謝之心，期待每次的上課。再看到遠從馬來西亞和香港的朋友都能一起上線上課，一樣可以動得滿身大汗，全身舒暢！

　　上年紀更覺得運動和吃飯一樣重要。每天看到樓下的輪椅族群，即使醫學的發達可以續命，但生活品質如何？自己要會選擇。

　　只要能動，運動永遠不嫌晚，距離近的可以就近去樂適能運動教室，遠途的就跟我一樣——視訊上課！只要不懶，安全、有效、快樂的運動就在你妳身邊！

MEMO

舒活家 HD2046

重量訓練・阻力訓練聖經：
全台第一本矯正運動型重訓指引

作　　者／支群甫
選　　書／林小鈴
主　　編／潘玉女

行銷經理／王維君
業務經理／羅越華
總 編 輯／林小鈴
發 行 人／何飛鵬
出　　版／原水文化
　　　　　台北市南港區昆陽街 16 號 4 樓
　　　　　電話：（02）2500-7008　　傳真：（02）2502-7676
　　　　　網址：http://citeh2o.pixnet.net/blog　E-mail：H2O@cite.com.tw
發　　行／英屬蓋曼群島商家庭傳媒股份有限公司城邦分公司
　　　　　台北市南港區昆陽街 16 號 8 樓
　　　　　書虫客服服務專線：02-25007718；25007719
　　　　　24 小時傳真專線：02-25001990；25001991
　　　　　服務時間：週一至週五上午 09:30 ～ 12:00；下午 13:30 ～ 17:00
　　　　　讀者服務信箱：service@readingclub.com.tw
劃撥帳號／19863813；戶名：書虫股份有限公司
香港發行／城邦（香港）出版集團有限公司
　　　　　香港九龍土瓜灣土瓜灣道 86 號順聯工業大廈 6 樓 A 室
　　　　　電話：(852)2508-6231　傳真：(852)2578-9337
　　　　　電郵：hkcite@biznetvigator.com
馬新發行／城邦（馬新）出版集團
　　　　　41, Jalan Radin Anum, Bandar Baru Sri Petaling,
　　　　　57000 Kuala Lumpur, Malaysia.
　　　　　電話：(603) 90563833　傳真：(603) 90576622
　　　　　電郵：service@cite.my

美術設計／李京蓉
內頁插畫／柯天惠（P.092 ～ 094）
印　　刷／卡樂彩色製版印刷有限公司
初　　版／2024 年 11 月 28 日
定　　價／800 元

國家圖書館出版品預行編目 (CIP) 資料

重量訓練・阻力訓練聖經：全台第一本矯正運動
型重訓指引 / 支群甫著 . -- 初版 . -- 臺北市 : 原水
文化出版 : 英屬蓋曼群島商家庭傳媒股份有限公
司城邦分公司發行 , 2024.11
328 面 ; 19×26 公分 . -- (舒活家 ; HD2046)
ISBN 978-626-7521-14-4(平裝)

1.CST: 運動訓練 2.CST: 體能訓練

528.923　　　　　　　　　　　　　　113013886